Karl-Dieter Bünting
Axel Bitterlich
Ulrike Pospiech

Schreiben im Studium: mit Erfolg

Ein Leitfaden

Präzise formulieren
Themen erarbeiten

studium kompakt

Cornelsen
SCRIPTOR

Karl Dieter Bünting/Axel Bitterlich/Ulrike Pospiech

Schreiben im Studium

Die ursprüngliche Ausgabe dieses Buches ist unter dem Titel *Schreiben im Studium*, 1996, erschienen. Sie wurde für die vorliegende Auflage gestrafft und völlig neu bearbeitet.

Cornelsen online http://www.cornelsen.de

Gedruckt auf chlorfrei gebleichtem Papier
ohne Dioxinbelastung der Gewässer.

Die Deutsche Bibliothek – CIP-Einheitsaufnahme

Bünting, Karl-Dieter:

Schreiben im Studium: mit Erfolg : ein Leitfaden / Karl-Dieter Bünting ;
Axel Bitterlich ; Ulrike Pospiech. – Berlin : Cornelsen Scriptor, 2000
(Studium kompakt)

ISBN 3-589-21417-1

Dieses Werk berücksichtigt die Regeln der reformierten Rechtschreibung und Zeichensetzung.

5. 4. 3. 2. 1. ✓ € Die letzten Ziffern bezeichnen
04 03 02 01 2000 Zahl und Jahr des Drucks.

Redaktion und Herstellung: Brigitte Mues, Wuppertal

Satz: Albert M. Craemer, Wuppertal

Umschlagentwurf: Bauer + Möhring, Berlin

Druck und Bindearbeiten: Druckerei zu Altenburg GmbH

Printed in Germany

ISBN 3-589-21417-1

Bestellnummer 214171

Inhalt

Vorwort

Vor Ihnen liegt die zweite Auflage von „Schreiben im Studium“. Sie ist gestrafft. Aus dem „Trainingsprogramm“ der ersten Auflage ist ein „Leitfaden“ geworden, der dem Leser eine zweckmäßige Auffassung vom Schreiben im Studium vermitteln will – wenn hier und im Folgenden von Lesern, Kommilitonen, Schreibern usw. die Rede ist, sind natürlich auch Leserinnen, Kommilitoninnen und Schreiberinnen usw. gemeint. Aufbauend auf den Erfahrungen der Schreibwerkstatt der Universität Essen, die wir 1997 in Essen gegründet haben (Informationen unter www.uni-essen.de/schreibwerkstatt), haben wir Tipps und Hinweise zusammengestellt, die sich in den Kursen zum wissenschaftlichen Schreiben als Schreibroutinen und Formulierungsstrategien für die Praxis bewährt haben.

Auch wenn sich die formalen Anforderungen an wissenschaftliche Texte in den Fächern unterscheiden, lassen sich doch gemeinsame Arbeits- und Schreibtechniken feststellen. Wir zeigen Ihnen deshalb verschiedene Wege auf, wie Sie sich Ihrer wissenschaftlichen Schreibarbeit nähern können und wie Sie Ihre Fertigkeiten nutzen sollten, um Ihre Texte zu verbessern. Dabei geht es um

- die Organisation des Arbeitsprozesses,
- die verschiedenen Textsorten, die im Studium zu schreiben sind,
- Besonderheiten der einzelnen Arbeitsschritte,
- die angemessene Behandlung verschiedener Gegenstände,
- Argumentationsstrategien sowie um inhaltliche, formale und sprachliche Gliederungsprinzipien,
- Definitionsweisen und die Sprache wissenschaftlicher Texte und
- die äußere Form wissenschaftlicher Arbeiten.

Wer gerade eine eigene Arbeit schreibt, kann die Tipps und Anregungen im Hinblick auf sein Anliegen anwenden und das Buch nutzen wie der Handwerker seinen Werkzeugkasten. Bitte verstehen Sie also unsere Hinweise nicht als Anweisungen, wie Sie schreiben müssen, sondern als Entscheidungshilfen, die Sie in Ihrer Praxis ausprobieren müssen – denn: Schreiben lernt man nur durch schreiben.

Essen, im April 2000 *Karl-Dieter Bünting, Axel Bitterlich, Ulrike Pospiech*

Kopfzeile
-> 10 pt
-> (Kurz-)Titel
-> Seite

Seitenrand
-> 2 cm oben, unten, rechts
-> 4,5 cm links

XUYABC GHIJKLMNOP 1

Überschrift Kapitel
-> 14 pt
-> fett
-> Tabulator
-> 2 Zeilen Abstand unten

1 Xyzxy xyzxyzxyzxyzxyz: xyzxyzxyzxyzxyzxyz

Abc defghijkl mnopq rstuvxxyza. Bcdef ghijklm nopqrstuv-xxyzabc defghijk – lmnopq rstuvxxyza bcd efghijkl mnopqrstuvxxy. Zabcdefg hijklm nopqrstuvxx yzabcdefghijklm nopqrs tuvxxyz abcdefgh jklmno. Pqrstuvxx yzabc defghijklmno, pqrstuv xxy zabcde fghijk, lmnopq stuvxxy zabcdefghijklmnop qrstuvxxyzabc.

Text
-> 12 pt
-> 1,4-zeilig
-> Blocksatz

Überschrift Unterkapitel
-> 12 pt
-> fett
-> Tabulator
-> 2 Zeilen Abstand oben
-> 1 Zeile Abstand unten

1.1 Xyzxyz xyzxyzxyzxyz

Abcde fghijklmnopqr stuvxxyzabcde fghijklmn. Opqrstuv xxyzabcde fghijklmnopqrst abcdefghij – uvxxyz klmnopqr stuvxxyza – bcdefgh ijklmnopq rstuvxx. Yzabc defghij klmnopqr stuvxxyzabcdefghijklmnopqrstuvxxy. YZABCDEFG zabcde:

> „Fghijklm nopqrstuvxxyz **abcdefghijklmnopqrstuv** xxyzabcdefghijklmnopqrs tuvxx yza bc defghijklmnop qrstuvxxyz abcdefghijkl mnopqrstuvxx yzabcdefghijk lmnop qrstuv xxyzabcd efghijklm nopq rstuv xxyz."[1]

Zitat als Block
-> 10 pt
-> 1-zeilig
-> Abstand 6pt vor und nach;
Einrückung 1 cm rechts und links

Abcdef ghijklmnopqrs tuvxxyzabcd efghijkl mnopqr stuvxxy. Zabcdef, ghijklmn opqrstuv xxy, zabc defghijkl. Mnopqrst uvxxyza bcdefghijklm nopqrstuvxxyz abcdefg. Hijklmno pqrstuvx – xyzab cdefgh ijklmno. yzabcd opqrstuvxxy zabcde-fghijklmn opqr stuvxxy: „[Z]abc defghijkl mnopq rstuvx xyzabc" (YZABCDEFG 1999, 44), defg hijklmnopqrstuv xxyzaklmnopqr vxxy xxyz abcdefghijkl mnop.

Zitat im Text mit Harvard-Beleg

Absatz

Abcde fghijklmn opqrs tuvxxyzab cdefghijklmno pqrstuvxxy. Zabcde fghijklmn opqrstuv xxyzabc defghijklmn opqrstuvxxyzabcdefghijklmn opq. RSTU VXXYZABCD efghijklmno pqrstuvxxyz abcdefghijklm: *nopqrstuv*, *xxyzab*, *cdefghij*, klm nopqrstuvxx yzabcdefghijklm.[2] Nopqrstuvxxyz abcde fghijklmno pqrstuvxxyz abcdefg hijklmnopq rstuvxxyzab cde fghijk. lmn opqrs tuvxxyzab. cdefghijklm **nopqrstuvx** xyzab cdefghij klmnopqrstu. Vxx yzab cdefghijklm abcdefg hijklmnopqrs tuvxxyz:

Namen in Kapitälchen
Beispiele kursiv
Termini fett

Aufzählungen

- Abcde fghijk lmnop qrstuvxxyzabc defghijklmnopqrstuvxxy;
- zabcd efghijklmno pqrstuvxxyzabcdefg hijklmnopqrstuvxxyza bcdefghijkimn opqrstu;
- vxxyza bcdefghij klmnopq rstuvxxyzab cdefghijklmnopq rstuvxxyzabcdefghijkl.

Mno pqrst uvxxyzabc defghijklmno pqrstuvxxyza bcdefghijklmno pqrstuvxxyzabc, defghijhijklmn, opqrst uvxxy zabc defghijklm. Nopqrs tuvxxyza bcdefghidef

Abschnitt

ghijklmnopqrst uvxxy zabc defghijkl mnopqrstuv xxyz, abcd efghijk lmnopqrstuv. Xxy zabcdefg hijklmn opqrstuvxx, yzabcde fghijkl nopqrstuvxxyz klmnopqrstuvxxyza bcefghijk lmno pqrstuvxx-yzabcdef ghijklmnopqrstuvxxyza bcde fgabc defhijklmno pqrstuvxxy abcdefghijklmnopqrstuvxxyzabcdefghijklmnopqrstuvx, dghsu djgisa dosiuds

Funktion der Fußnoten
-> bibl. Angabe
-> Kommentar mit Verweis

Fußnotentext
-> 1-zeilig
-> 10 pt
-> Blocksatz

[1] YZABCDEFG, HIJKLMNO 1999: pqrstu vxxyzabcdefghijklmn. opqrstuvxxyzabcde: fghijklm, S. 88

[2] defg ijklmnopqr stuvxxyzabcdefgh ijklmno, pqr stuvxxyzab cdefghij. klmn opqr stuvx xyzabcde fghijkl mno pqrstu (vgl. XXYZA 1999).

Beispiel für Seitenlayout (s. auch S. 137 und 159)

Kapitel 1:

Schreiben im Studium

Das Schreiben im Studium folgt als Form der wissenschaftlichen Textproduktion festen Regeln. Können Sie in Ihren persönlichen Briefen sogar mit der Rechtschreibung relativ frei umgehen – solange Ihre Kreativität das Textverständnis nicht behindert –, so müssen Sie beim Verfassen wissenschaftlicher Texte darauf achten, dass Sie die sprachlichen und arbeitstechnischen Anforderungen Ihres jeweiligen Faches erfüllen.

Beim Schreiben – insbesondere beim Schreiben im Studium – geht es um das Zusammenspiel von Form und Inhalt, geht es darum, (sich) einen Text zu erarbeiten. Das Schreiben im Studium ist Teil eines planbaren Arbeitsprozesses.

In diesem Kapitel wird gezeigt, wo Besonderheiten des Schreibens liegen und welche Vorteile sich daraus ergeben. Sie erhalten Tipps und Hinweise, wie Sie sich das Schreiben im Studium organisieren können.

Wer schreibt, versucht, seine Gedanken in Sprache zu fassen. Schreiben ist eine Tätigkeit, die häufig zu neuen Einsichten verhilft, indem sie zeigt, was man verstanden hat (dies lässt sich zumeist leicht formulieren) und was nicht (hier fällt das Formulieren meist schwer). Wer schreibt, formuliert auf der Grundlage seines Wissens aus Wörtern und Wortgruppen die Sätze eines Textes. Dies ist eine Handlung, die häufig zwar durch Rahmenbedingungen wie Textsorte, Termine, Form, Umfang vorbestimmt ist, aber dennoch häufig nicht klar festgelegt scheint. Was ist das Besondere beim Schreiben? Wie kann man sich den Schreibprozess vereinfachen?

1.1 Sprechen und schreiben

Im alltäglichen Gespräch benutzen wir eine Umgangssprache. Sie mag mehr oder weniger dialektale Anklänge enthalten, das Entscheidende ist, dass diese mündliche Rede sich unmittelbar an der Gesprächssituation orientiert: Wir nehmen unsere Gesprächspartner wahr und reagieren auf deren Reaktionen; wir bemerken, dass sie etwas nicht verstehen, und setzen neu an; wir bemerken, dass sie längst verstanden haben, und brechen ab usw.

Wir reichern die Rede durch Kontakt-, Bestätigungs- und Kommentarwörter an. Die Sprachwissenschaft nennt sie Abtönungspartikel: *na, also, hm, hmhm, eben, eigentlich, ja doch!, ach nein, wirklich? …*

Beim Sprechen fassen wir die Gedanken in Worte und sprechen sie aus, während wir schon weiterdenken. So bleibt keine Zeit, jedes Wort auf die Goldwaage zu legen. Die Sprechplanung zeigt sich deutlich an

- Pausen, die häufig durch *Ähs* oder *Hms* oder andere Füllsel ohne Bedeutung *(ich würde sagen, sagen wir mal, ...)* überbrückt werden,
- unvollständigen oder falschen Sätzen (Satzabbrüchen),
- Wortwiederholungen,
- kommentierenden Füllwörtern, die oft dialektal geprägt sind *(halt, eben, also, irgendwie, gell, woll, wa, ey, ha noi, ...)*.

In der gesprochenen Sprache sind diese von der Norm der Schriftsprache abweichenden Muster möglich, da sich Sprecher und Hörer in derselben Situation befinden. Betonungen, Gestik, Mimik und Körpersprache unterstützen das Gesagte, helfen Missverständnisse auszuschließen. Außerdem kann der Hörer jederzeit nachfragen, wenn er etwas nicht verstanden hat. Ein Leser kann das nicht. Daher ist es wichtig, geschriebene Texte so zu gestalten, dass sie verständlich sind: Sie dürfen weder zu assoziativ noch zu speziell sein.

Geschriebene Texte unterliegen anderen Bedingungen und folgen daher auch anderen Regeln: Sie müssen - um der Verständlichkeit willen - sprachlich richtig im Sinne der Grammatik und Rechtschreibung sein. Man bemüht sich um die korrekte sprachliche Form, daher werden beim ersten Formulieren eines geschriebenen Textes häufig die Sätze sehr komplex. Denn im Gegensatz zu einem Sprecher, der formuliert, während er spricht, kann ein Schreiber zeitversetzt arbeiten, kann Wörter und Sätze planen, überdenken und ggf. korrigieren oder umstellen, am Ausdruck feilen und präzisieren. So werden Sätze schnell länger und komplizierter als nötig. Doch das muss nicht so bleiben, denn anders als beim mündlichen Formulieren ist es in der Schreibsituation möglich, sich Zeit für die Vorbereitung und (mindestens) eine Nachbereitung zu nehmen: Geschriebene Sätze und Texte lassen sich überarbeiten - wenn nötig, sogar mehrfach. Der Einsatz des Computers kann dabei von Nutzen sein. Die Schreibplanung zeigt sich deutlich:

- an der Logik der Argumentation, die durch die Gliederung in Kapitel und Unterkapitel, aber auch durch das Layout (Abschnitte, Absätze, Spiegelstriche, Fußnoten, Schriftgrößen, -arten und -attribute) unterstützt wird,
- in der Sorgfalt bei der Wortwahl, in der Variation oder aber Präzision von Wörtern, die häufig durch das Nachschlagen in Wörterbüchern, aber auch durch eigene Definitionen gestützt ist,

- in Struktur und Umfang der Sätze, die im Vergleich zu Sätzen der gesprochenen Sprache komplexer und länger sind,
- am überlegten Einsatz von Satzzeichen, die für den Leser als Betonungszeichen gesetzt werden, aber auch
- an der Verwendung von Abkürzungen und Sonderzeichen, die den Leseprozess beschleunigen sollen.

Beim Schreiben kommt es auch darauf an zu entscheiden, welche Funktion ein Text haben soll, ob ein Textelement beispielsweise der Beschreibung, der Zusammenfassung oder der Erörterung dienen soll.

1.2 Texte produzieren

Schreiben bedeutet, auf ein Ziel hin zu formulieren. Texte haben bestimmte Funktionen, stehen in bestimmten Kommunikationszusammenhängen. Die Fragen: *Wer schreibt wem? Was? Aus welchem Grund? In welcher Absicht?* geben den Rahmen vor, innerhalb dessen Texte gestaltet werden müssen. Entsprechend ist also zu bedenken, dass sowohl die Situation, in der ein Text verfasst wird, als auch die Situation, für die er verfasst wird, auf den Inhalt, die sprachliche Gestalt sowie die äußere Form einwirken. Daher ist es wichtig, Texte so zu gestalten, dass Form und Inhalt dem Anlass, entsprechend der Textfunktion und der Textsorte, aufeinander abgestimmt sind. Man unterscheidet verschiedene Funktionen von Texten, nach denen der Sprachgebrauch sich richten sollte[1]:

- die **deskriptive, informative Funktion** mit sachbezogener Sprache; sie ist die vorherrschende Textfunktion in der Hochschule;
- die **direktive, instruktive Funktion** mit ebenfalls sachlicher Sprache und Handlungsanweisungen; in Studien- und Prüfungsordnungen kann man entdecken, wie fachsprachlich diese Texte ausfallen können und teilweise müssen, wenn sie Rechte und Pflichten so regeln, dass sie einklagbar sind. Solche Ordnungen enthalten die Fachsprache des betreffenden Faches und die des Juristen- und Verwaltungsdeutschen;
- die **expressive Funktion,** die Gefühle des Sprechers wiedergibt. Hier werden häufig Wörter mit stark emotionalen Nebenbedeutungen verwendet. In der Hochschule hört man sie ständig, denn sie sind ein typisches Merkmal der Jugend- und Studentensprache. Lesen kann man sie an Wänden, auf Toiletten, Schul- und Hörsaalbänken;

1 Vgl. dazu MÖHN, DIETER/PELKA, ROLAND 1984: Fachsprachen. Eine Einführung. Tübingen: Niemeyer Verlag.

- die **appellative Funktion,** welche die Aufmerksamkeit der Angesprochenen und Leser wecken soll. Für sie gilt mit geänderter Perspektive Ähnliches wie für die expressive Funktion. Innerhalb der Hochschule sind es Briefe und Texte, die für politische, weltanschauliche oder gesellschaftliche Positionen werben.

Schreiben ist also nicht gleich schreiben. Machen wir uns die Textfunktionen und ihre Auswirkungen auf den Sprachgebrauch am Beispiel des persönlichen Briefes im Vergleich zur wissenschaftlichen Arbeit klar. Brief und wissenschaftliche Arbeit erfüllen nicht nur unterschiedliche Funktionen, sondern sind darüber hinaus sowohl für den Sprecher/Schreiber als auch für den Zuhörer/Leser mit unterschiedlichen Haltungen verbunden:

Im privaten Brief kommt es darauf an, den Kommunikationspartner persönlich anzusprechen (appellative Funktion des Textes). Außerdem ist es üblich, dass man erzählt: spannend und mit Ausschmückungen und Abschweifungen Erlebnisse mitteilt, dabei von der Chronologie abweicht und auch umgangssprachliche Wörter und Wendungen benutzt (expressive Funktion des Textes). Die Sprache im Brief ist geschriebene Sprache, sprachliche Kennzeichen der Appellfunktion des Textes sind die direkte Anrede oder auch die *wir*-Form und Fragen; sprachliche Kennzeichen der expressiven Funktion des Textes sind die Verwendung umgangssprachlicher Wörter, Satzabbrüche und ähnliche Elemente des Mündlichen. Der persönliche Brief lebt davon, dass Spannung aufgebaut, Nebensächliches ausgeschmückt und in Sprüngen - d. h.: mit Vorausdeutungen oder Rückblenden - geschrieben wird. Der Schreibende bildet den Angelpunkt. Wer einen Brief schreibt, wählt die *ich*-Form.

Wer wissenschaftlich schreibt, wählt eher das Passiv, da es beim wissenschaftlichen Text darauf ankommt, nüchtern, sachlich, nachvollziehbar und strukturiert - d. h. meist: einer zuvor dargelegten Argumentation entsprechend - zu schreiben (deskriptive Funktion des Textes): Im wissenschaftlichen Text ist die Person des Verfassers nicht von Interesse, die Sache steht im Vordergrund. Kennzeichen einer sachlichen Sprache sind sachbezogene Aussagesätze - auch im Passiv und als passivische Formulierungen (vgl. Kap. 5 und 7). Persönliche Kommentare sind im wissenschaftlichen Text selten, und wenn, dann nur als Elemente der Argumentation und mit Beleg üblich (vgl. Kap. 4 und 6).

1.3 Wissenschaftlich schreiben

Allen wissenschaftlichen Texten ist gemein, dass sie im Hinblick auf ein bestimmtes Ziel (Erwerb eines Scheines oder eines akademischen Grades) und auf eine bestimmte Weise - eben wissenschaftlich - verfasst werden. Wissenschaftlich bedeutet so viel wie „die Wissenschaft betreffend, zu ihr gehörend, auf ihr beruhend", wobei unter Wissenschaft ein „geordnetes, folgerichtig aufgebautes Gebiet von Erkenntnissen"[2] zu verstehen ist. Und das bedeutet zweierlei: Wissenschaftliche Texte beruhen auf Wissenschaft, d. h. sie verarbeiten wissenschaftliche Erkenntnisse anderer, indem sie diese wiedergeben, zueinander in Beziehung setzen, kommentieren und zur Grundlage eigener Erkenntnisse machen. Sie sind damit zugleich Teil der Wissenschaft, können ihrerseits zitiert und kommentiert werden. UMBERTO ECO beschreibt vier Charakteristika einer wissenschaftlichen Untersuchung, die es beim Schreiben wissenschaftlicher Texte grundsätzlich zu beachten gilt:

> „4 Kriterien für Wissenschaftlichkeit
>
> 1 Die Untersuchung behandelt einen erkennbaren Gegenstand, der so genau umrissen ist, daß er auch für Dritte erkennbar ist. [...]
>
> 2 Die Untersuchung muß über diesen Gegenstand Dinge sagen, die noch nicht gesagt worden sind, oder sie muß Dinge, die schon gesagt worden sind, aus einem neuen Blickwinkel sehen. [...]
>
> 3 Die Untersuchung muß für andere von Nutzen sein. [...]
>
> 4 Die Untersuchung muß jene Angaben enthalten, die es ermöglichen, nachzuprüfen, ob ihre Hypothesen falsch oder richtig sind, sie muß Angaben enthalten, die es ermöglichen, die Auseinandersetzung in der Öffentlichkeit fortzusetzen."[3]

Wissenschaftlich schreiben bedeutet also zunächst, verständlich, geordnet, folgerichtig und nachvollziehbar zu schreiben und dabei Quellen, Ergebnisse und die Vorgehensweise transparent zu machen. Das betrifft sowohl den sprachlichen Ausdruck als auch die Anordnung und Absicherung von eigenen Thesen und fremden Positionen. Eine wissenschaftliche Arbeit trägt nicht die Kriterien der Wissenschaftlichkeit in sich, steht nicht isoliert im Raum, sondern ist Teil eines Gesamtkomplexes, der Wissenschaft, des jeweiligen Faches und hat den hier jeweils üblichen Konventionen zu folgen.

Wissenschaftlich zu schreiben bedeutet auch, ein wissenschaftliches Thema auf wissenschaftliche Weise zu behandeln. Dies betrifft zuerst und vor allem die Art der sprachlichen Darstellung, aber auch die grundsätzliche Arbeits- und Vorgehensweise: Eine wissenschaftliche Arbeit ist mehr als eine Erörterung oder eine Inhaltsangabe. Sie soll zeigen, dass und wie sich der Verfasser (sein) Wissen verschafft hat, dass er die Forschungslage kennt und verarbeitet hat. Für den Prozess wissenschaftlicher Textproduktion sind neben Tech-

---

2 WAHRIG, GERHARD 1997: Deutsches Wörterbuch. Völlig überarb. Neuausgabe. Gütersloh, München: Bertelsmann, 1374.

3 ECO, UMBERTO ^{6}1993: Wie man eine wissenschaftliche Abschlußarbeit schreibt. Doktor-, Diplom- und Magisterarbeit in den Geistes- und Sozialwissenschaften. 6., durchges. Aufl. der deutschen Ausgabe. Heidelberg: C. F. Müller, 40 (= UTB, 1512), 40–45 (Text in alter Rechtschreibung).

niken des Formulierens auch die Art der sprachlichen Darstellung und die Verfahren der Materialbeschaffung und -auswertung von zentraler Bedeutung. Der Schreibprozess beginnt mit der Klärung der Textsorte und des Textinhalts - also weit vor dem eigentlichen Formulieren. Je klarer die Vorstellung von der Funktion und vom Inhalt eines Textes ist, desto leichter fällt es, zu entscheiden, was im Text zu sagen ist (und damit auch, was nicht zu sagen ist) und auf diesen Punkt hin zu argumentieren.

Das Schreiben hat für die verschiedenen Wissenschaften verschiedene Funktionen (vgl. dazu auch Kap. 7): Geht es darum, einen Gegenstand (sei es ein Phänomen in der Welt, eine Theorie, eine wissenschaftliche Position oder einen Versuch) darzustellen, so dient das Schreiben der Dokumentation. Sollen hingegen Einzelaspekte und ihre Beziehungen zueinander aufgezeigt werden, dient das Schreiben der Analyse. Geht es um die sachliche Auseinandersetzung mit Gründen, die für oder gegen ein Modell oder eine Theorie sprechen, so dient das Schreiben der Argumentation. Sollen hingegen Texte auch gedeutet werden, dient das Schreiben der Interpretation. Jede dieser Grundfunktionen wissenschaftlichen Schreibens lässt sich in verschiedenen Textsorten erfüllen (vgl. dazu Kap. 2).

1.4 Den Schreibprozess organisieren

Schreiben ist ein - kreativer - Prozess, Schreiben bedeutet Erkennen. Oft zeigt sich erst dann, wenn man einen Sachverhalt be-schreiben, eine wissenschaftliche Position erörtern oder einen Versuchsverlauf protokollieren will, wie viel man schon kennt, wie viel man noch kennen lernen muss und was sich überhaupt erkennen lässt. Deshalb ist es wichtig, bereits die Phase der Einarbeitung in ein Thema schreibend zu begleiten.

Um flüssig zu schreiben, benötigt man neben Know-how Routine. Schaffen Sie sich im Studienalltag Raum für Praxiserfahrungen. Beim präzisen Arbeiten hilft die Einhaltung einiger Grundregeln. So kann die Organisation der Schreibsituation und die Wahl eines Schreibgeräts das Schreiben unterstützen. Wichtig ist es in jedem Fall, den Schreibprozess zu organisieren und bereits während des Lesens eigene Texte (Texte vor dem eigentlichen Text, sog. Exzerpte) zu verfassen.

Nutzen Sie Vorteile des Schreibinstruments Computer.

Die Textverarbeitung mit dem Computer erlaubt es, über die Mittel der Textgliederung hinaus Layouts zu entwerfen, die individuellen Wünschen entsprechen und den Anforderungen des Faches genügen. Die automatische Erstellung von Seitenzahlen und Kopfzeilen, die vom übrigen Text unabhängige Fußnotenverwaltung sowie die Möglichkeit, Formatvorlagen zu definieren und Seitenumbrüche auch von Hand einzugeben, erlauben es, nicht schon während des Schreibvorgangs um eine gute Textgestalt kämpfen zu müssen. Sie können jederzeit auf den Inhalt konzentriert bleiben, das Textverarbeitungsprogramm sorgt sich um Zeilenumbrüche usw. Richten Sie sich Ihren Computer ein – das kann sogar motivierend sein.

Der Computer ist mehr als ein Zettelkasten.

Es bedeutet einen großen Unterschied, ob Sie Informationen über die von Ihnen gelesenen Bücher im Karteikasten verwahren oder mit einer elektronischen Datenbank verwalten: In Ihrem Karteikasten muss zur Orientierung eine bestimmte Ordnung festgelegt werden, Sie bringen z. B. die Autorennamen in eine alphabetische Reihe. Dieses Ordnungsschema ist fest und kann nur mit großem Arbeitsaufwand verändert werden. In der Datenbank des Computers ist keine spezielle Ordnung festgelegt. Sie wählen bei jeder Abfrage neu, ob nach Autorennamen, Buchtiteln, nach einem bestimmten Erscheinungsjahr oder besonderen Stichworten gesucht werden soll.

Computergeschriebene Texte sind leicht weiterverwertbar.

Schrieb bzw. tippte man früher einen Text von der ersten bis zur letzten Seite, kann man heute mit einem PC an jeder beliebigen Stelle des Textes Neues hinzufügen. Wenn trotz präziser Planung etwas vergessen wurde, kann es nachträglich eingefügt werden. Ausschneiden, Kopieren, Entfernen: Man kann jederzeit ein bereits geschriebenes Textstück markieren und verschieben. Auch das Kopieren von Textabschnitten in andere Dateien und das Zusammenfügen von Dateien sind möglich.

Tipps für die PC-Nutzung:

- Entwerfen Sie, bevor Sie mit dem Schreiben beginnen, ein Style-Sheet, in dem Sie Formate, Hervorhebungen, verwendete Abkürzungen festhalten (vgl. Kap. 6.3).
- Richten Sie, bevor Sie mit dem Schreiben beginnen, die Seite ein. Legen Sie das Seitenformat (Seitenrand, Kopfzeile mit Seitenzahl), die Schrift (Schriftart und Schriftgröße), den Zeilenabstand und die Ausrichtung (Block- oder Flattersatz) fest, damit Sie jederzeit einen realistischen Überblick über den Textumfang haben.
- Definieren Sie Formatvorlagen (für den Text, die Zitate als Block, die Fußnoten und die Überschriften) und passen Sie die Textverarbeitung den Erfordernissen an: Shortcuts oder Icons in der Befehlsleiste für häufig gebrauchte Formate (Kapitälchen, **Fett**, *Kursiv*) und Operationen („Einfügen Fußnote") sind sehr praktisch.
- Verbinden Sie, während Sie schreiben, Zitate und selbst definierte Zitatformatvorlagen und geben Sie andere Hervorhebungen (Kennzeichnungen entsprechend den Konventionen Ihres Faches) ebenfalls sofort ein.
- Speichern Sie sicherheitshalber radikale Veränderungen des Textes in einer neuen Datei neuen Namens.

Entscheiden Sie sich für eine Form der PC-Nutzung.

Sobald Sie Ihre handschriftlichen Exzerpte übertragen haben, sollten Sie sie abheften, um sie im Notfall wieder heranziehen zu können. Wenn Sie grundsätzlich den Computer bereits zum Exzerpieren nutzen, müssen Sie Zitate und Gedanken, die Sie in Ihrer Arbeit verwenden wollen, nicht zum zweiten Mal abschreiben. Nehmen Sie sich dabei aber vor, nur wirklich wichtige Zitate und Paraphrasen in eine Datei zu integrieren. Drucken Sie Ihre Datei zwischendurch immer wieder aus, um die Übersicht zu behalten. Entscheiden Sie sich für eine der folgenden Arbeitsformen:

Die Schreibmaschinen-Technik

Diese Technik nutzt den Computer wie eine Schreibmaschine; ein ganz oder kapitelweise vorgeschriebener Text wird in den PC eingegeben. Hierbei nutzt man Vorteile, die der Computer bietet:

- die Rechtschreibprüfung,
- die Möglichkeit der Fehlerkorrektur und
- die automatische Fußnotenverwaltung.

Jedoch beeinflusst das Medium noch nicht den Schreibprozess. Will man seine Arbeitstechnik verändern, sollte man – abhängig vom Umfang der Arbeit – Dateien als Steinbruch oder als Mosaik anlegen.

Die Steinbruch-Technik

Diese Technik ist für kurze bis mittellange Arbeiten geeignet, deren Fragestellung von Anfang an klar ist. Schreiben Sie, während Sie Ihr Material sammeln, alle Einfälle, Thesen oder Zitate, auf die Sie beim Bearbeiten Ihres Materials stoßen, und die Gedanken, die Sie währenddessen entwickeln, hintereinander in eine Gesamtdatei.

Nutzen Sie diese Steinbruch-Datei als Rohmaterial für Ihren Text: Schreiben Sie das Textgerüst in eine neue Datei und fügen Sie Textelemente aus der Steinbruch-Datei schrittweise ein. Streichen Sie alle Textstücke aus der Datei, die Sie übernehmen, bis der Steinbruch abgetragen ist – sonst droht die Gefahr, dass Sie Elemente doppelt verwerten.

Die Mosaik-Technik

Diese Technik ist insbesondere für längere Arbeiten geeignet, deren Fragestellung im Laufe des Arbeitsprozesses immer wieder differenziert wird bzw. sich erst aus der Beschäftigung mit Texten ergibt: Legen Sie einzelne Teildateien an

a) für jeden Text, den Sie lesen, und/oder

b) für Teilaspekte des Themas.

Schreiben Sie Ihr Textgerüst in eine neue Datei, bedienen Sie sich während des Schreibprozesses aus dem Fundus der verschiedenen Mosaik-Dateien, indem Sie passende Textstücke integrieren. Streichen Sie Textstücke, die Sie übernehmen (und quasi als Mosaiksteinchen für die Zusammenfügung eines Gesamtbildes nutzen) in den Mosaikdateien durch, sonst droht die Gefahr, dass Sie Elemente doppelt verwerten – löschen Sie sie aber nicht, damit alle Informationen später (falls sich der Arbeitsplan ändert) noch verfügbar sind.

Wählen Sie bewusst einen oder mehrere Schreiborte.

Man muss allerdings nicht immer und ausschließlich am Schreibtisch schreiben. Wenn Sie bemerken, dass Ihnen Abwechslung gut tut, wechseln Sie gelegentlich Ihren Schreibort. Denkbar sind – abhängig von Schreibanlass und institutionellem Rahmen – unterschiedlichste Schreiborte von der Bibliothek über ein Café bis hin zu Parkbank oder Küchentisch. Alle haben ihre Vorteile, aber auch Nachteile. Wägen Sie ab, was Ihnen wichtig ist.

Wenn Sie hingegen Routine und Ordnung brauchen, sollten Sie sich einen festen Arbeitsplatz einrichten. Die Entscheidung für oder gegen den einen oder anderen Ort ist von Ihren persönlichen Vorlieben abhängig. Sie beeinflusst einerseits die Wahl des Schreibmaterials und andererseits die Hilfsmittel, die man zur Verfügung hat. Der Umfang, den der zu schreibende Text haben soll, die Textsorte und der Arbeitsplatz beeinflussen sicherlich die Entscheidung für oder gegen den Computer.

Geben Sie sich Zeit zum Schreiben.

In der Regel geht dem wissenschaftlichen Schreiben ein Orientierungsprozess voraus und nicht selten ergibt sich beim Schreiben eine neue Sicht der Dinge. Geben Sie sich also Zeit zum Schreiben, nach einer Faustregel etwa genauso viel, wie Sie für die Bearbeitung des Materials bzw. die Erarbeitung von Daten benötigt haben – der Spruch „Gut Ding will Weile haben." trifft auf das Schreiben genau zu, es braucht seine Zeit. Das heißt, auch Sie brauchen Zeit (und Ruhe) zum Schreiben.

Wie viel genau, lässt sich in Stunden oder Minuten nicht angeben. Wer beim Schreiben nicht in Zeitnot gerät und mit seinen Schreibleistungen zufrieden ist, muss den Faktor Zeit weder bestimmen noch beeinflussen. Wer jedoch etwas an seiner Praxis verändern will, sollte Folgendes tun:

Bestimmen Sie Ihre persönliche Schreibzeit.

Wann arbeiten Sie am konzentriertesten? Sind Sie ein Morgenmensch, ein Tagtyp oder ein Nachtarbeiter? Sie sollten nicht versuchen, gegen Ihren Rhythmus zu schreiben. Wenn Sie von sich sagen können, dass Sie zu gewissen Tageszeiten unkonzentriert sind, sollten Sie diese gerade nicht fürs Schreiben reservieren.

Schaffen Sie sich ausreichend Freiraum.

Fällt Ihnen nichts ein, wenn Sie in einer Stunde einen Termin haben? Oder arbeiten Sie intensiver, wenn Sie gleich noch los müssen? Wenn Sie wissen, dass Sie unter Zeitdruck schlecht schreiben können, sollten Sie es auch nicht versuchen und die Zeit vor einem Termin sinnvoll für Vorarbeiten wie Lesen, Bibliographieren oder Nachschlagen nutzen.

Klären Sie die Rahmenbedingungen.

Wer ist der Adressat? In welchem Kontext steht der Text? In welche Art von Handlungsgefüge ist der Text eingebettet? Welchen Zweck muss er erfüllen? Welche Anforderungen sind zu erfüllen? Gibt es Vorgaben (für Inhalt, Umfang, formale Gestaltung)? Welche Sprachform ist angemessen? Was soll der Text leisten? Gibt es neben den von außen gegebenen Einflüssen weitere Faktoren? Was soll der Text in Ihren Augen leisten? Welche Anforderungen stellen Sie ganz persönlich? Ist das realistisch und mit den äußeren Bedingungen vereinbar?

Streben Sie nicht nach Perfektion im ersten Anlauf.

Wenn Sie den Textinhalt in seiner Struktur geklärt und in Form einer vorläufigen Gliederung skizziert haben, versuchen Sie, ihn zunächst in einer vorläufigen Form zu Papier zu bringen. Legen Sie daher zunächst nicht jedes Wort und jeden Satz auf die Goldwaage. Die Wirkung von Formulierungen können Sie erst dann feststellen, wenn der Text als Ganzes vor Ihnen liegt. Wenn Sie über Formulierungen ins Grübeln geraten, sollten Sie sich nicht festbeißen. Sie sollten außerdem Ihren Text grundsätzlich nicht überarbeiten, während Sie sich fürs Weiterschreiben einlesen. Wenn Sie den Text immer wieder vorne verändern, wenn Sie stets an dem, was bereits vorhanden ist, herumfeilen und versuchen, es zu korrigieren oder zu optimieren, bekommt Ihr Text keinen eigenen Schwung.

Schreiben Sie die Rohfassung voran.

Sie sollten daher nicht beim ersten Schreiben nach der besten oder schönsten Formulierung suchen, denn das lässt Sie gar nicht erst in einen Schreibfluss kommen. Schreiben Sie auch mal das zweitbeste Wort, oder setzen Sie einen Platzhalter (z. B. ***). Kennzeichnen Sie so nicht ganz treffende Formulierungen oder Lücken und markieren Sie, wo Sie im Text aufgehört haben zu schreiben. Wenn Sie einen Text überarbeiten, können Sie vom Computer den Platzhalter suchen lassen und an den entsprechenden Stellen gezielt umformulieren oder weiterschreiben.

Planen Sie zwei Formulierungsphasen ein.

Formulierungen können Sie erst im Text beurteilen. Daher sollten Sie von vornherein zwei Formulierungsphasen vorsehen:

- Phase 1, in der Sie eine Rohfassung erstellen, und daran anschließend
- Phase 2, in der Sie die Rohfassung prüfen und gegebenenfalls umformulieren (den Text optimieren).

Genau betrachtet umfasst Phase 2, die Überarbeitung der Rohfassung, ebenfalls zwei Etappen: das Edieren (Vorbereitung eines Textes für die Abgabe: Argumentation und Aussage prüfen) und das Redigieren (Korrekturlesen: Rechtschreibung, Grammatik und Formate prüfen), wobei ausschließlich das Edieren Formulierungen verändert oder neue Formulierungen bringt.

Prüfen Sie Ihren eigenen Text kritisch.

Sie sollten Überarbeitungen am Ganzen und möglichst aus einem Guss vornehmen, d. h. dann, wenn die Rohfassung fertig gestellt ist. Um die Rohfassung zu beurteilen, sollten Sie sich die Anforderungen der Textsorte noch einmal vor Augen führen. Bemühen Sie sich im ersten Durchgang um einen klaren Satzbau und einen angemessenen Ausdruck (vgl. Kap. 5), planen Sie für Feinarbeiten eine Überarbeitungsphase ein, in der Sie Ihre Formulierungen Absatz für Absatz daraufhin überprüfen, ob sie angemessen, präzise und nachvollziehbar sind (vgl. Kap. 7).

1.5 Sieben Etappen des wissenschaftlichen Schreibens

Der Schreibprozess beginnt – anders als häufig angenommen – bereits vor dem eigentlichen Schreiben. Er ist keineswegs dann beendet, wenn der Text auf dem Papier steht, sondern dann, wenn der Text vom Verfasser geprüft und für gut befunden wurde.

Insgesamt sind zahlreiche Arbeitsschritte nötig, bis aus einer ersten Idee ein wissenschaftlicher Text geworden ist. Im Folgenden werden sieben Etappen der Entstehung einer wissenschaftlichen Arbeit entworfen, die jeweils mehrere Arbeitsschritte umfassen; gemeint sind sowohl die natürlichen Stadien wissenschaftlicher Texte als auch die für deren Erstellung erforderlichen Arbeitsschritte.

Für ein geordnetes und zielgerichtetes Arbeiten sollte jeder Schritt so gut wie möglich geplant werden. Die einzelnen Schritte sollten – so weit möglich – nacheinander durchgeführt werden. Zum kompletten Schreibprozess gehören die folgenden sieben Etappen:

Etappe 1: den Text einordnen (sich orientieren)

Bevor Sie mit einer wissenschaftlichen Arbeit beginnen, werden und müssen Sie sich orientieren. Sie müssen sich einen Überblick verschaffen, bevor Sie entscheiden können, welches Thema (für Sie) geeignet ist, und bestimmen, welche Fragestellung Sie anschließend genauer untersuchen wollen.

Sie sollten das Thema Ihrer Arbeit auf seine Tauglichkeit überprüfen, indem Sie es so genau wie möglich ein- bzw. abgrenzen. Lesen Sie dazu auch allgemeine Lexikonartikel, nutzen Sie Handbuchartikel und Zeitschriftenaufsätze. Bestimmen Sie ein konkretes Forschungsziel und entwickeln Sie einen ersten Arbeitsplan.

Sie sollten das ruhig schriftlich, z. B. in Form eines Exposees (vgl. Kap. 2), tun – selbst wenn Sie später von Ihrem Plan, insbesondere dem Zeitplan, abweichen. Für eine erste Orientierung sollten Sie:

- die Rahmenbedingungen der Situation und
- die Anforderungen der Textsorte klären,
- ein geeignetes Thema wählen,
- den Inhalt bestimmen, Aspekte eingrenzen bzw. ausgrenzen sowie
- eine präzise Fragestellung formulieren,
- die Vorgehensweise festlegen,
- einen Zeitplan aufstellen und
- ein Exposee schreiben.

Damit haben Sie Ihr Thema umrissen und können im Anschluss an einen Sprechstunden-Besuch mit der Grundlagenarbeit beginnen. Sie wissen nun, was zu Ihrem Thema gehört (und was nicht) und können daher gezielt mit der intensiven Sammel- und Lesephase beginnen.

Etappe 2: den Text vorbereiten (recherchieren)

Wenn Sie Ihr Thema umrissen haben, können Sie sich in die Tiefe arbeiten: Sie beginnen, systematisch nach Schlagwörtern, Stichwörtern, gängiger Literatur und Literaturhinweisen zu suchen. Sie verschaffen sich das Material, das Sie im Folgenden bearbeiten wollen; dazu sollten Sie:

- ggf. notwendige Materialien beschaffen oder Daten erarbeiten,
- relevante Texte lesen und dabei
- das Gelesene weiterverarbeiten (Exzerpte schreiben) sowie
- Antworten auf die Fragestellung skizzieren.

Nachdem Sie im Anschluss an eine ausgiebige Lesephase, die Sie mit dem Schreiben von Exzerpten begleiten und unterstützen, alle Fassetten Ihres Themas kennen, ist es wichtig, das Gelesene (Inhalte und Positionen) zu ordnen.

Etappe 3: das Material ordnen (strukturieren)

Häufig gibt es verschiedene Möglichkeiten, das Erarbeitete zu strukturieren, um es in eine sinnvolle Ordnung zu überführen. Es gibt meist mehrere Ansätze, mit denen Argumente in eine logische Folge gebracht werden können.

In jedem Fall ist es hilfreich, sich Argumente und Gegenargumente klarzumachen, um eine eigene Position zu entwickeln. Erfahrungsgemäß nützt dies selbst dann, wenn Sie keine argumentative Arbeit verfassen wollen; Sie erarbeiten sich so die Grundlage, auf der Sie Ihr Material effektiv auswerten können. Dazu gilt es:

- das Material zu analysieren und zu differenzieren,
- Begriffe zu klären und logische Beziehungen herzustellen,
- Ordnungsprinzipien im Material zu erkennen,
- Einzelelemente oder Elementkomplexe einander zuzuordnen,
- Inhalte zu gruppieren und sich hierarchische oder logische Zusammenhänge zu verdeutlichen.

Zeichnen Sie hierzu eine Mind-Map (vgl. Kap. 3.1), eine Karte des Denkens, die es Ihnen erlaubt, einen Überblick über das Netz von Aspekten und Bezügen, das Ihre Fragestellung betrifft, zu gewinnen.

Nachdem Sie so die Struktur Ihres Textes vor Augen haben, können Sie einen roten Faden festlegen, Sie können mit Hilfe der Mind-Map verschiedene Möglichkeiten durchspielen und Ihren Text planen.

Etappe 4: den Text planen (argumentieren und gliedern)

Eine der Hauptschwierigkeiten beim Schreiben eines Textes besteht darin, komplex vernetzte logische Zusammenhänge in einer linearen Folge anzuordnen. Auch für die Gliederung Ihrer Arbeit stehen Ihnen verschiedene Möglichkeiten zur Verfügung.

Unabhängig von Thema, Fragestellung und Material gilt es, Haupt- und Nebenaspekte zu bestimmen, Anfangs- und Endpunkt der Untersuchung festzulegen und zu überdenken, welches Gliederungsschema für den Argumentationsverlauf Ihres Textes am angemessensten ist (vgl. dazu Kap. 6). Hier gilt es:

- den Inhalt des Textes genau festzulegen und
- verschiedene Textverläufe durchzuspielen und zu beurteilen,

- den Verlauf der Argumentation zu bestimmen und
- die Gliederung festzulegen.

Die Gliederung kann sich auf Grund der Chronologie, der Argumentation oder aus der Sache heraus ergeben. Wählen Sie eine Gliederung, die das von Ihnen gewählte Vorgehen unterstützt.

Daher ist es notwendig, nicht nur Gliederungsprinzipien für die einzelnen Kapitel festzulegen, sondern auch die Abschnitte, Absätze und Sätze des Textes sinnvoll anzuordnen. Auch hierfür bieten sich die allgemeinen Gliederungsprinzipien an.

Etappe 5: den Text verfassen (formulieren)

Nun sind Ihnen sowohl der Textinhalt als auch der Textverlauf klar, Sie können mit dem Schreiben beginnen. Bevor Sie dies tun, müssen Sie zentrale Begriffe definieren und Ihr Verständnis mit dem in den Quellen abgleichen, die Sie zitieren wollen. Auf dieser Grundlage sollten Sie zunächst schreiben, ohne sich viele Gedanken über den sprachlichen Ausdruck zu machen. Der Text, den Sie im ersten Anlauf schreiben, ist eine Rohfassung, die anschließend überarbeitet werden kann und muss. Halten Sie sich an die grobe Richtlinie: Wissenschaftlicher Stil ist präzise (vgl. dazu Kap. 5). Achten Sie darauf, deutlich zu argumentieren und dabei kritisch zu beurteilen. Bringen Sie Überflüssiges möglichst gar nicht erst zu Papier – denken Sie also darüber nach, was wirklich wichtig ist. Achten Sie darauf, dass Sie in dieser Arbeitsphase

- den Text als Rohfassung schreiben,
- dabei auf Ihre Exzerpte zurückgreifen,
- an der Struktur, der Argumentation und der Gliederung orientiert formulieren,
- formale Anforderungen beachten und entsprechende Formate festlegen (wenn Sie mit dem Computer arbeiten) und
- weitgehend ohne fremde Hilfsmittel arbeiten.

Schreiben kann – ähnlich wie das Erzählen – eine erkenntnisbildende Wirkung haben. Eben deshalb ist es wichtig, nicht erst unter Zeitdruck mit dem Formulieren zu beginnen. Sollte sich beim Schreiben des Textes eine neue Sichtweise der Dinge ergeben, ist dies kein Beinbruch. Sie können Ihre Gliederung jederzeit ändern – mit Hilfe Ihres Exposees und der Mind-Map können Sie abwägen, ob Sie bei Ihrem ursprünglichen Plan bleiben oder umdisponieren wollen.

Etappe 6: den Text überarbeiten

Prüfen Sie Ihren Text danach in Bezug auf inhaltliche Geschlossenheit, machen Sie ihn jetzt gut lesbar. Hier können Sie den entscheidenden Vorteil des Schreibens nutzen: Geschriebenes kann nämlich überarbeitet werden (vgl. Kap. 7). Achten Sie darauf, dass Ihre Überlegungen und Begründungen nachvollziehbar sind, dass Sie Ihre Zitate richtig gekennzeichnet haben (vgl. Kap. 4). Jetzt ist die Gelegenheit, den sprachlichen Ausdruck zu überprüfen, nach dem treffenden Wort zu suchen und einen präzisen Satz zu formulieren. Sie sollten in diesem Arbeitsschritt:

- die Prägnanz des Ausdrucks beurteilen, d. h. Satzlänge und Wortwahl überprüfen;
- die Logik der Argumentation nachvollziehen, d. h. Überflüssiges streichen und Wiederholungen eliminieren, ggf. Umstellungen vornehmen;
- wenn nötig, den Text optimieren, indem Sie z. B. Überleitungen und Zusammenfassungen einfügen;
- Tabellen, Grafiken und Abbildungen durchnummerieren;
- Zitate und Quellenangaben überprüfen;
- das Literaturverzeichnis vervollständigen;
- die (Druck-)Formate überprüfen (wenn Sie mit einem Computer arbeiten).

Nun sind Sie fast fertig. Bevor Sie Ihrem Text den letzten Schliff geben, sollten Sie ihn einige Tage nicht gesehen haben: Solange Sie Ihren Text allzu gut kennen, sind Sie „textblind", sehen vor allem in Bezug auf Rechtschreibung und Zeichensetzung das, was Sie schreiben wollten, und nicht das, was Sie tatsächlich geschrieben haben.

Etappe 7: den Text lesen und ggf. Korrekturen vornehmen

Achten Sie in dieser letzten Phase ausschließlich auf die Form, ändern Sie nichts mehr an Ausdruck oder Inhalt – erfahrungsgemäß schleichen sich bei inhaltlichen Änderungen (Austausch von Wörtern, Verschieben von Textelementen) leicht zusätzliche Tipp- und besonders ärgerliche Grammatik- oder Logikfehler ein. Jetzt gilt es:

- die Routinen der Rechtschreibprüfung und Silbentrennung mit dem PC zu nutzen,
- anschließend selbst Rechtschreibung und Grammatik sowie das
- Layout zu prüfen und
- ggf. Korrekturen vorzunehmen.

Wenn Sie jemanden für das Korrekturlesen gewinnen können, der den Text (noch) nicht kennt, ist das sehr hilfreich.

Kapitel 2:

Textsorten des Schreibens im Studium

Schreiben im Studium erfordert, dass je nach Anlass, Ziel und Absicht verschiedene Typen von Texten verfasst werden: Eine Klausur, ein Referat und eine schriftliche Hausarbeit sehen auch bei ein und demselben Thema anders aus. Das liegt auch daran, dass unterschiedliche Anforderungen zu erfüllen sind. Wie Sie schreiben, ist nicht allein von Textsorte und Thema abhängig, sondern auch davon, für wen Sie schreiben. Eine Klausur soll Ihrem Dozenten zeigen, dass Sie den Stoff beherrschen; ein Referat dient dazu, den Studierenden einen Einblick in das von Ihnen erarbeitete Themengebiet zu verschaffen; eine Hausarbeit ist in gewisser Weise eine Vorübung für Ihre wissenschaftliche Abschlussarbeit, in der Sie zeigen, dass Sie die Techniken wissenschaftlichen Arbeitens einsetzen können, um eine Fragestellung sachgerecht darzustellen und selbstständig zu bearbeiten.

In diesem Kapitel geht es um die im Studium relevanten Textsorten. Es wird skizziert, was von Ihnen erwartet wird, erwartet werden kann und worauf Sie achten müssen. Sie finden Tipps, wie Sie sich vorbereiten und wie Sie vorgehen können.

Das Schreiben im Studium dient dem Erwerb, der Verarbeitung und der Aufbereitung von Wissen. Nicht selten wird mit wissenschaftlichen Arbeiten darüber hinaus auch eine bestimmte Qualifikation angestrebt. Abhängig von Schreibanlass und Aussageabsicht werden sehr unterschiedliche Texte verfasst. Persönliche Notizen, die das eigene Mitdenken beim Zuhören stützen, sind anderer Art als beispielsweise ein Thesenpapier zum Referat, das den Zuhörern Orientierung bieten soll. Ebenso gilt, dass die Seminarmitschrift als Stütze der eigenen Gedanken dient und nur das als wichtig Empfundene festhält, ein Seminarprotokoll hingegen alle behandelten Themen und Beiträge enthalten muss. So gibt es:

- Texte, die der Verfasser für sich selbst und zur Erinnerung schreibt und damit die Erkenntnisfunktion des Schreibens nutzt, und
- Texte, die er für andere verfasst – die Scientific Community, die für die Situation der Haus- und Abschlussarbeit in der Person des Dozenten repräsentiert ist.

Daran zeigt sich besonders deutlich, dass Texte jeweils eigene Intentionen verfolgen und in sehr unterschiedlichen Zusammenhängen stehen. Jede Textsorte ist bestimmt durch ihre kommunikative Funktion und charakteristische Organisationsprinzipien. Da Texte sehr unterschiedliche Zwecke erfüllen sollen, erfordert das Schreiben unterschiedliche Arbeitstechniken. So sind Texte, die Inhalte dokumentieren, zu unterscheiden von Texten, die wissenschaftliches Arbeiten demonstrieren.

2.1 Die Mitschrift

Zuhören in der Vorlesung bedeutet Mitdenken, und genau hier kann eine Mitschrift hilfreich sein, wenn sie das Gerüst einer Vorlesung oder eines Seminars verdeutlicht. Dementsprechend kann es nicht das Ziel der Mitschrift sein, alle Worte der Rede festzuhalten. Nicht selten wird dies jedoch versucht, werden die Seiten Zeile für Zeile gefüllt, so dass das Zuhören leidet, weil wie bei einem Diktat geschrieben wird. Einige Richtlinien können Ihnen dabei helfen, das Gehörte sinnvoll strukturiert zu Papier zu bringen:

Legen Sie fest, zu welchem Zweck Sie mitschreiben wollen.

Berücksichtigen Sie, was Sie von Ihrer Mitschrift erwarten und wie Sie sie später nutzen wollen. Nicht selten dient das Mitschreiben während der Vorlesung ausschließlich dazu, bei der Sache zu bleiben. Die Mitschrift selbst wird allenfalls kurz vor einer Klausur, im Rahmen einer Abschlussarbeit oder aus nostalgischen Beweggründen wieder gelesen. Mitschriften können aber auch als Protokoll dienen und an Dritte weitergereicht werden.

Wer den Stoff der Vorlesung nacharbeiten will, kann dies mit seiner Mitschrift am selben Tag oder auch noch nach einer Woche tun. Es bietet sich an, zu Hause auch Fachliteratur hinzuzuziehen, Zusammenhänge zu formulieren und Zitate einzufügen, so dass ein in sich geschlossener Text entsteht.

Schreiben Sie erst dann, wenn ein Sinnabschnitt beendet ist.

Wer zu früh schreibt und Gedanken hierbei selbst zu Ende denkt, kann zu anderen Ergebnissen kommen als der Redner. Damit die Mitschrift tatsächlich den Tenor der Vorlesung trifft, sollte man eigene Ergänzungen besonders kennzeichnen. Fassen Sie die Hauptgedanken stichwortartig zusammen, schreiben Sie keinesfalls ganze Sätze wortwörtlich mit. Das ist schier unmöglich – es sei denn, man kann stenografieren – und nicht nötig; eine Mitschrift soll nicht dokumentieren. Wer die Worte eines Vortrags genau zitieren will, sollte den Redner nach seinem Manuskript fragen oder sich nach einer etwaigen Veröffentlichung eines Referates in Fachzeitschriften o. Ä. erkundigen. Abhängig von der Größe der Handschrift müssten zwei bis vier DIN-A4-Seiten ausreichen, um eine Vorlesung vollständig mitzuschreiben.

Versuchen Sie, Ihre Mitschrift so zu gestalten, dass sie Ihnen eine sinnvolle Hilfe für das Nachschlagen bietet.

Mitschriften können nicht das gesamte Seminar abbilden, sie spiegeln den Wissensstand, unter Umständen auch die aktuelle Interessenlage ihres Verfassers wider – sie sind keine Protokolle. Versuchen Sie nicht, alles mit- oder abzuschreiben. Versuchen Sie, den Seminarverlauf abzubilden und dabei nur ausgewählte Aspekte zu vertiefen. Achten Sie dabei besonders auf Fachbegriffe und Literaturhinweise. Konzentrieren Sie sich auf das Wesentliche und kürzen Sie sinnvoll ab. *Abk.n habn. n. d. Sn., w. s. a. spä. no. verst. s.* – Abkürzungen haben nur dann Sinn, wenn sie auch später noch verständlich sind. Daher empfiehlt es sich, über die ohnehin gängigen Abkürzungen (*z. B.* für „zum Beispiel", *d. h.* für „das heißt" oder *u.* für „und", *usw.* für „und so weiter" etc.) hinaus Endsilben zu tilgen oder zu kürzen (z. B. *-ung* durch *-g* ersetzen, *-lich* durch *-l.* u. Ä.). Schlüsselwörter können durch Siglen (feste Abkürzungszeichen) ersetzt werden. Geht es z. B. in einem Vortrag um den Expressionismus, kann das Wort durch ein einfaches *E* ersetzt werden.

Notieren Sie Namen und Begriffe möglichst vollständig, um sie auch später noch schnell nachschlagen zu können.

Unbekannte Namen und seltene Fachbegriffe sollten nicht abgekürzt werden, da dies das Wiederauffinden in der Fachliteratur unnötig erschwert – selbst bei ausgeschriebenen Namen bleibt die Hürde der Schreibung.

Ordnen Sie Ihre Stichwörter in nicht-linearer Folge an, um Zusammenhänge und Beziehungen zu verdeutlichen.

Dieses Schreibverfahren bietet mehrere Vorteile: Zunächst hält es den Schreiber davon ab, entgegen guter Vorsätze doch ganze Sätze zu schreiben. Darüber hinaus kann mit Hilfe von Pfeilen oder ähnlichen zusätzlichen Zeichen der Zusammenhang zwischen einzelnen Gedanken wesentlich schneller und genauer als mit umständlichen Beschreibungen eingetragen werden. Das Ergebnis einer Mitschrift nach diesem Muster sieht ähnlich aus wie ein Tafelbild – an einigen Stellen vielleicht ausführlicher. Beim Wiederlesen wird auf den ersten Blick die Struktur der Vorlesung deutlich – demjenigen, der sie gehört hat. Wenn eine solche Mitschrift einem Fremden nicht alles erläutert, ist das nur natürlich.

Lassen Sie beim Schreiben Raum für nachträgliche Ergänzungen.

Häufig behandelt eine Vorlesung eine überschaubare Anzahl von Kerngedanken. Da Sie die Gesamtaussage einer Rede festhalten und nicht ihren Verlauf dokumentieren wollen, ist es günstiger, die Stichworte logisch und nicht chronologisch anzuordnen und sie mit Pfeilen und Linien zu verbinden. Ergänzen Sie eigene Ideen, Hinweise und heben Sie Literaturhinweise so hervor, dass Sie sie auf einen Blick wiedererkennen können.

Notieren Sie Zitatbelege und Literaturhinweise sorgfältig.

Die Mitschrift sollte auch die Anregungen aufgreifen, die in einer Vorlesung gegeben werden. Dabei liegt es in Ihrem Ermessen, ob Sie nur die Zitate, die die Vorlesung tragen, oder auch ergänzende Lektüreempfehlungen notieren, oder ob Sie ausschließlich das aufschreiben, was Ihnen lesenswert erscheint. In jedem Fall ist es praktisch, die Lesehinweise mit einem Zeichen zu versehen, so dass sie beim Überfliegen der Notizen ins Auge springen.

Sie sehen, eine Mitschrift ist individuell. Sie kann bei allen Teilnehmern einer Vorlesung verschieden aussehen. Zu Beginn des Studiums wird sie umfangreicher sein als gegen Ende: Häufig wird das Neue, Unbekannte schriftlich fixiert – das Bekannte nicht mehr festgehalten.

2.2 Das (Seminar-)Protokoll

Protokolle beruhen auf Mitschriften/Notizen während einer Sitzung. Protokolle sollen die Realität reproduzieren, d.h., sie dürfen keine eigene Wirklichkeit schaffen, keine Informationen oder Inhalte produzieren. Beachten Sie beim Verfassen eines Protokolls Folgendes:

Protokolle sind verbindliche Unterlagen.

Daher muss vorab vereinbart werden, dass und von wem ein Protokoll geführt wird.

Protokolle dürfen nicht durch die Person des Verfassers geprägt sein.

Der Protokollant ist ausschließlich Beobachter des Geschehens. Er muss sich mit eigenen Wortbeiträgen zurückhalten und beim Schreiben ausdrücklich darauf achten, persönliche Wertungen und Einordnungen (auf Grund von Vorwissen, Einschätzungen, Vorbehalten, Kritik, usw.) zu unterlassen.

Protokolle dokumentieren in der Regel den Verlauf und/oder die Ergebnisse einer Sitzung bzw. eines Experiments.

Verschiedene Formen von Protokollen (wörtliche, Verlaufs-, Ergebnis- oder Gedächtnisprotokolle) sollen unterschiedlichen Ansprüchen genügen.

Protokollarten

In einigen Fällen ist es erforderlich, wörtlich zu protokollieren, also alle Diskussionsbeiträge im Wortlaut wiederzugeben, z.B. bei Gericht. Auch Bundestagsprotokolle sind **wörtliche Protokolle.** Die Protokollanten stenografieren mit, zur Sicherheit wird zusätzlich ein Tonband eingesetzt. Insbesondere strittige Einzelheiten können mit Hilfe eines wörtlichen Protokolls nach Band dokumentiert werden. Wörtliche Protokolle sind sehr genau, aber bereits durch ihren Umfang unübersichtlich.

Die meisten Protokolle werden daher nach Stichworten geschrieben. Deshalb ist es wichtig, den Protokollanten vor der Sitzung oder Diskussion zu bestimmen, damit dieser sich entsprechende Notizen macht. Je nach Anliegen kann er zwischen zwei Protokollarten wählen: Er kann ein **Verlaufsprotokoll** (das den Ablauf einer Sitzung chronologisch nachzeichnet) oder ein **Ergebnisprotokoll** schreiben (dieses systematisiert die Beiträge zusammenfassend). Verlaufsprotokolle werden in den Naturwissenschaften für die exakte Beschreibung von Experimenten verwendet; in den geisteswissenschaftlichen Fächern werden häufiger Ergebnisprotokolle eingesetzt, weil sie

- die behandelten Themen in eine logische Ordnung bringen,
- die Kernaussagen mündlicher Beiträge erfassen und systematisieren, kurz:
- die Ergebnisse einer Sitzung oder einer Diskussion unabhängig vom Verlauf festhalten.

In den Fällen, in denen kein Protokollant bestimmt worden ist, kann die nachträgliche Anfertigung eines **Gedächtnisprotokolls** beschlossen werden. Dieses wird dann ohne handschriftliche Notizen im Anschluss an eine Sitzung angefertigt. Es hat weniger Beweiswert als die übrigen Protokollarten.

Entsprechend unterscheiden sich Protokolle in ihrem Aussehen und in ihrer Gliederung. Grundsätzlich gilt: Protokolle sollen knapp und sachlich informieren. Sie enthalten weder wertende oder ausschmückende Adjektive noch Konjunktionen, die kausale Beziehungen herstellen. Da Protokolle dokumentarischen Charakter haben, werden sie im Präsens geschrieben, für die Wiedergabe wörtlicher Äußerungen wird die indirekte Rede verwendet, Begründungen und Sachbeiträge werden im Konjunktiv zitiert. Erklärende Zusätze werden in Klammern gesetzt.

Ein Seminarprotokoll dient als Arbeitsgrundlage für das Seminar, zur Erinnerung und/oder zur Prüfungsvorbereitung.

Versuchen Sie nicht, alles wörtlich mitzuschreiben – der Sinn des Seminarprotokolls liegt in der Ordnung der Gedanken. Wichtige Definitionen, Formulierungen und Begriffe sollten zitiert werden, schriftliche Dokumente können in einem Anhang beigefügt werden.

Seminarprotokolle sind eine Mischung aus Verlaufs- und Ergebnisprotokoll.

Der Protokollant sollte wichtige Äußerungen, Kontroversen, offene Fragen festhalten. Er ist befugt, während der Sitzung nachzufragen, wenn er etwas nicht verstanden hat, und muss versuchen, zwischen Wichtigem und Unwichtigem zu unterscheiden.

Versuchen Sie, in Ihrer Niederschrift den Gang der Sitzung bzw. deren Ergebnisse so genau wie möglich wiederzugeben.

Um eine authentische Darstellung zu erreichen, sollten Sie Ihre protokollorientierte Mitschrift noch am Tag der Sitzung zum Protokolltext ausformulieren. Beim Verfassen des Protokolltextes ist zu bedenken, dass das Protokoll überblicksartig informieren soll, d. h., es sollte sich durch Übersichtlichkeit und Neutralität auszeichnen, das Wesentliche kurz und präzise wiedergeben, ohne zu werten. Der Protokollant sollte sich um Vollständigkeit bemühen und anstreben, in seinem Protokoll ein wirklichkeitsgetreues Bild der Veranstaltung zu zeichnen. Dies ist Wochen oder Monate nach der Veranstaltung nur noch schwer möglich.

Elemente eines (Seminar-)Protokolls

- **Kopf** (Angaben über Anlass, Zeit, Ort, Teilnehmer, Protokollführer),
- **Abfolge** (Thema/Themen und Verlauf der Sitzung/des Versuchs),
- **Inhalt** von Redebeiträgen/Aufzeichnung von experimentellen Einzelheiten, behandelte Fragestellungen,
- **Thesen** der Diskussion und ihre Hauptargumente/Beobachtung von Begleitumständen,
- **Arbeitsschritte** und **-ergebnisse** (Teilergebnisse und Gesamtergebnis),
- **Unterschrift** des Protokollführers, evtl. des Sitzungsleiters.

Wer als Dozent die Anfertigung von Seminarprotokollen anregt, erhofft sich zweierlei: zum einen, dass nicht alle Seminarteilnehmer mit dem Schreiben beschäftigt sind, so dass die Mehrheit dem Gedankengang folgen kann; zum anderen, dass derjenige, der protokolliert, dieses bewusst tut, d. h. nicht irgendetwas mitkritzelt, sondern versucht, Strukturen zu entdecken. So verstandene Seminarprotokolle sind keine unsinnige Quälerei, sondern dienen der Entwicklung von Routinen, die im Studium und im späteren Berufsleben nützlich sind. Ein Seminarprotokoll hält offene Fragen oder Hinweise auf die nächste Sitzung fest. Tafelbilder, Textauszüge und Thesenpapiere gehören in den Anhang. Man kann im Protokoll auf den Anhang verweisen, sollte aber in jedem Falle darauf hinweisen, welchen Stellenwert diese Materialien im Seminarverlauf hatten.

2.3 Das Laborbuch

Im Laborbuch, einem Notizbuch mit hartem Einband, werden Experimentverläufe protokolliert. Beobachtungen, Handlungen, Messwerte – auch solche, die nicht zum geplanten Verlauf des Experiments gehören – werden sofort und unmittelbar aufgezeichnet. Das Laborbuch fungiert als Logbuch des Forschungsprozesses, in dem alle Beteiligten Eintragungen vornehmen.

Das Laborbuch ist Eigentum der Arbeitsgruppe.

Im Laborbuch werden Experimente, die zu einer im Labor durchgeführten Arbeit gehören, und Beobachtungen während ihrer Durchführung in Form von Versuchsprotokollen festgehalten. Da diese den Erkenntnisprozess und die Ergebnisse eines Experiments dokumentieren sollen, werden sie als ausführliche Verlaufsprotokolle angelegt. Sie sind verbindliche Unterlagen.

Halten Sie im Laborbuch nach einem gleich bleibenden Schema, das allen bekannt ist, das Wesentliche fest.

Die Eintragungen im Laborbuch sollten benennen, wer was mit welchem Ziel in welchen Arbeitsschritten untersuchen will und untersucht hat. Geben Sie außerdem ggf. verwendete Literatur an.

Von Interesse sind nicht nur die forschungsleitenden Hypothesen und das Ergebnis, sondern auch der Weg dorthin.

Halten Sie also sowohl die genauen Versuchsbedingungen als auch beobachtete Einzelheiten fest, auch wenn Ihnen deren Bedeutung noch nicht klar ist. Auch Abweichungen von der Versuchsplanung sowie die verwendeten Geräte und deren Justierung sind wichtig. Protokollieren Sie den Versuchsverlauf inklusive etwaiger Umwege sorgfältig, fügen Sie - deutlich gekennzeichnet - spontane Deutungen und Überlegungen sowie Anregungen aus der Literatur (Exzerpte) bei. So kann Ihnen das Laborbuch eine Hilfe bei der späteren Interpretation der Daten sein.

Das Laborbuch ist ein Dokument.

Da das Laborbuch ein authentisches Dokument der experimentellen Forschung ist, wird es dokumentenecht, d. h. handschriftlich und mit Kugelschreiber, geführt. Die Seiten des Laborbuchs werden durchnummeriert, ebenso die zu einem Experiment gehörenden Handlungen und Beobachtungen. Zusätzlich kann dem einzelnen Experiment noch ein Namenskürzel beigefügt werden, so dass klar ist, von wem es durchgeführt worden ist.

Neue Experimente beginnen mit einer Überschrift und einer kurzen Einleitung auf einer neuen Seite. Leere oder halbleere Seiten werden durchgestrichen, um nachträgliche Eintragungen (und damit Verfälschungen) zu verhindern. Deutlich wird zwischen Annahmen und tatsächlichem Versuchsverlauf unterschieden: Erstere stehen in der Einführung, letzterer wird im Versuchsprotokoll detailliert festgehalten.

2.4 Der Versuchsbericht

Versuchsberichte fassen die im Laborbuch stichwortartig festgehaltenen Informationen über Zielsetzung, Durchführung und Bedingungen eines Experiments sowie Beobachtungen, Bemerkungen und Überlegungen des Versuchsleiters zusammen. Sie ziehen Schlussfolgerungen aus der Versuchsbeschreibung und der Diskussion der Ergebnisse. Anders als Eintragungen im Laborbuch sind Versuchsberichte an interessierte Dritte gerichtet.

Der Versuchsbericht soll Dritte zuverlässig informieren.

Er muss dabei für Personen, denen forschungsleitende Hypothesen und Versuchsverlauf unbekannt sind, ohne Zuhilfenahme weiterer Materialien verständlich sein. Daher wird der Versuchsbericht teils ausführlicher, teils weniger ausführlich sein als das Laborbuch: Zum einen werden im Laborbuch viele Zusammenhänge als bekannt vorausgesetzt, zum anderen erweisen sich viele der Beobachtungen als für das Versuchsergebnis irrelevant. Jedoch dürfen Informationen nicht so weggelassen werden, dass Ergebnisse nicht mehr nachvollziehbar sind oder gar manipuliert erscheinen. Da ein Versuchsbericht ein Text für Außenstehende ist, hat er eine festgelegte Struktur.

Teile eines Versuchsberichts

- **Titelblatt** (enthält Informationen über Titel, Verfasser, Zeit, Ort und Betreuer)
- **Inhaltsverzeichnis** (bildet die hierarchische Gliederung des Textes in Kapiteln und Unterkapiteln ab)
- **Abstract** (Berichtsinhalt auf einer Seite zusammengefasst)
- **Einführung** (hier werden Ansatz, Zielsetzung und Forschungskontext dargestellt)
- **Experimenteller Teil** (hier werden der Versuchsaufbau - Materialien, Apparate, Messbedingungen, Versuchstiere, Vorbereitungen, Bedingungen, Proben etc. - und der Versuchsverlauf beschrieben)
- **Ergebnisse** (hier werden Zahlen und Fakten mit Hilfe von Grafiken veranschaulicht)
- **Diskussion** (hier wird die Bedeutung der Ergebnisse erörtert, evtl. unter Bezugnahme auf andere Untersuchungen)
- **Schlussfolgerung** (hier werden Ergebnisse zusammenfassend bewertet und beurteilt und Perspektiven auf folgende Arbeiten eröffnet)

Abhängig vom Umfang des Berichts sollte innerhalb der Teile mehr oder weniger differenziert gegliedert werden.

2.5 Der (Praktikums-)Bericht

Ein Bericht (Praktikumsbericht, Jahresbericht o. Ä.) ist ein möglichst objektiver Text, der sich auf konkrete, eigene Beobachtungen bezieht. Berichte beruhen auf präzisen Beschreibungen und sollen Rechenschaft darüber ablegen, wer was wo wann mit welchem Ziel, auf welche Weise, mit welchem Ergebnis gemacht hat. Sie sollen nicht-beteiligte Dritte zuverlässig über ein Geschehen informieren.

Im Rahmen eines Praktikums wird zumeist ein besonderer Aspekt beobachtet, der als Fokus für den Bericht dient.

Ein Bericht muss ohne Zuhilfenahme weiterer Materialien verständlich sein. Ansichten und Urteile werden im Bericht zu Gunsten einer nüchtern-sachlichen Darstellung zurückgestellt. Persönliche Einschätzungen oder Bewertungen sind erlaubt, müssen jedoch als solche erkennbar sein. Bestandteile eines Berichts sind: die Situationsanalyse, die Chronologie der Ereignisse, die Darstellung der Ergebnisse und ihre Dokumentation. Wer in seinem Fachgebiet regelmäßig Berichte verfassen muss, sollte sich an bereits angefertigten Texten orientieren und sich ein Muster erstellen, so dass der Aufbau seiner - gegebenenfalls thematisch zusammengehörigen - Texte immer gleich bleibt.

Elemente eines Berichts

- **Titel**
- **Inhaltsverzeichnis**
- **Abstract** (Berichtsinhalt auf einer Seite zusammengefasst)
- **Einleitung** (von den W-Fragen geleitete Hinführung zum Thema)
- **Hauptteil** (unterteilt in Kapitel; hier werden Aspekte detailliert beschrieben, Fakten genannt, Methoden diskutiert)
- **Ergebnisse** (Schlussfolgerungen werden deutlich hervorgehoben, Zahlen werden mit Hilfe von Grafiken veranschaulicht)
- **Kommentar** (Beschreibung der Bedeutung der Ergebnisse, evtl. Bezugnahme auf andere Untersuchungen)
- **Ausblick** (zusammenfassende Bewertung und Beurteilung des Ergebnisses, Perspektive auf folgende Arbeiten)

Falls nötig, können dem Bericht in einem Anhang weitere Materialien beigefügt werden, z. B. Schriftstücke, Fotos oder Tafelbilder. So vermittelt der Bericht ein vollständiges, nachvollziehbares Bild von einem Ereignis oder einem Sachverhalt.

2.6 Das Exzerpt

Die vielen Texten vorgeschaltete Textsorte ist das Exzerpt (lat. *excerpere*, dt. „herauspflücken"). Jede wissenschaftliche Arbeit (Referat und Hausarbeit) beginnt mit einer Lesephase, in der Sie exzerpieren, d. h. wichtige Zitate, Argumente und Gedankengänge sammeln. Ein Exzerpt ist in gewisser Weise eine besondere Form des Protokolls - Sie protokollieren, was Sie wie gelesen haben.

Als Exzerpt werden sowohl wörtliche als auch sinngemäß zitierte Auszüge aus einem Text bezeichnet.

Im Exzerpt werden wichtige Argumente, Gedankengänge und Literaturhinweise aus einem Text gesammelt. Das Exzerpt ist also primär eine Zitatsammlung, die Sie um Eigenes erweitern. Damit wird das Exzerpt zu einer Form individuellen Schreibens; es soll Ihnen helfen, das Bild festzuhalten, das Sie sich beim Lesen eines Aufsatzes oder Buches über Ihr Thema gemacht haben.

Fotokopieren erspart das Exzerpieren nicht.

Es besteht ein Unterschied zwischen dem Text, den ich als Fotokopie nach Hause trage, und dem, den ich gelesen und exzerpiert habe. Den letzteren habe ich aufgenommen, kenne ich, den ersteren habe ich mitgenommen, und nicht selten bleibt es dabei. Wer ein Exzerpt schreibt, indem er mit dem Text eines anderen arbeitet und dabei die Stellen auslässt, an denen dieser nichts zur gegebenen Fragestellung beiträgt und ihn um eigene Ideen, Erkenntnisse, Querverweise erweitert - sich also schon während des Lesens von der Quelle löst -, erkennt bald, dass das Fotokopieren das Exzerpieren nicht ersetzen kann. Exzerpieren ist eine besondere Arbeits- und Schreibtechnik, die Ihnen beim Schreiben Ihrer Arbeit Nutzen bringen kann (vgl. dazu Kap. 3.3.2).

Ihre Exzerpte dienen der Orientierung.

Mit jedem weiteren Buch oder Zeitschriftenaufsatz werden neue Aspekte des Themas wichtig, so dass sich die Anlage der Arbeit bis zu ihrem Endzustand mehrfach wandeln kann. Wenn Sie zu jedem gelesenen Text ein Exzerpt anfertigen - auch zu denen, die Sie nicht verwenden wollen -, erhalten Sie einen realistischen Überblick über die verschiedenen Komponenten Ihrer entstehenden Arbeit.

Machen Sie Ihr Exzerpt zum Text vor dem Text.

Während Sie einen Text lesen, können Sie kritzeln, unterstreichen, Randbemerkungen machen - dies ersetzt aber in keinem Fall ein Exzerpt. Sie können nicht, während Sie noch lesen, an Ihrer Arbeit schreiben - daher sollten Sie es auch gar nicht versuchen. Eine wissenschaftliche Arbeit wandelt sich zumeist während des Erkenntnisprozesses. Ihre Exzerpte sind Texte vor dem Text, die Sie dann auswerten, wenn Sie eine klare Vorstellung vom Thema und von Ihrem Text haben. Gestalten Sie Ihre Exzerpte mit Hilfe von Pfeilen, Linien und Symbolen, die intuitiv Zusammenhänge, Beziehungen, etwaige Widersprüche und Betonungen ausdrücken. Beim Übertragen Ihrer Notizen sind Sie gezwungen, aus diesen Markern Sätze zu formen: Das Exzerpt ist dann quasi das Sprungbrett in Ihren eigenen Text, es hilft Ihnen, sich von der Vorlage zu lösen. Indem Sie exzerpieren, bringen Sie sich in das Thema ein. Notieren und kommentieren Sie markante wörtliche Zitate sorgfältig (vgl. Kap. 4), ergänzen Sie sofort eigene Ideen, Positionen, Überlegungen, Querverweise und nützliche Formulierungen, so dass das Exzerpt das Schreiben des eigenen Textes erleichtert.

Geben Sie Ihren Exzerpten eine gleich bleibende Form.

Sie können mit Karteikarten, normalem Papier oder mit dem PC in Dateien arbeiten. Wichtig ist, dass Sie Ihre Exzerpte ergänzen, systematisieren und umordnen können – daher ist es unpraktisch, alle Exzerpte in ein Heft oder Buch zu schreiben.

Vorschlag zur Form von Exzerpten:

Geben Sie Ihren Exzerpten stets eine gleich bleibende Form mit drei Elementen, die nach einem immer gleichen Muster aufgebaut sein sollten. Der **Exzerptkopf** enthält Angaben über

- das Lese-/Exzerpierdatum,
- die genaue bibliographische Angabe des Textes,
- den Standort des Textes (die Signatur eines Buches oder der Titel des Ordners, in dem sich eine Kopie befindet) und
- eine knappe Zusammenfassung des Textes (Hauptaussage, Abstract).

Der **Hauptteil des Exzerptes** sollte enthalten:

- die Fragestellung, unter der ein Text bearbeitet wurde,
- sinngemäße und wörtliche Entlehnungen (Paraphrasen und Zitate),
- Literaturhinweise aus dem Text sowie
- eigene Ideen, Positionen, Kommentare und Querverweise (deutlich vom Übrigen abgegrenzt).

Im **Fußteil des Exzerpts** können einige Stichwörter zur Relevanz des Gelesenen, zu Ort und Art der Weiterverarbeitung sowie zu Vernetzungen, die sich ergeben, so notiert werden, dass Hinweise zu Einschätzung und möglicher Einbindung des Exzerpts auf einen Blick auffindbar sind.

Wichtig ist es, im Exzerpt die genaue bibliographische Angabe, die Hauptaussage des Textes und die Fragestellung zu notieren, unter der ein Text bearbeitet wurde. Denn nicht selten ändern sich je nach Fragestellung die Leseergebnisse. Notieren Sie den Zusammenhang des Originaltextes.

Je länger Sie sich in ein Thema eingearbeitet haben, desto größer dürfte der Anteil eigener Zusätze, insbesondere Querverweise, werden. Das Exzerpt kann und sollte Sie aus dem gelesenen Text hinaus in Ihren eigenen Text leiten, Ihnen aber auch als Rückeinstiegshilfe in den gelesenen Text dienen. Schreiben Sie daher möglichst ganze Sätze in Ihrer eigenen Sprache. Nutzen Sie bei Paraphrasierungen den Konjunktiv (vgl. Kap. 4).

2.7 Die Rezension

Eine Rezension ist eine textkritische Buchbesprechung. Es geht um die Wiedergabe und Kommentierung eines Textes. Das Schreiben von Rezensionen schult das Textverständnis, das Zusammenfassen und Paraphrasieren sowie die Formulierung eigener Standpunkte und die Argumentation.

Beurteilen Sie den gelesenen Text fundiert.

Die Einbeziehung von Informationen über den Autor, die Entstehensbedingungen, den Zweck und/oder die Wirkung eines Textes sind Grundlage für eine eigene wertende Stellungnahme. Eine Rezension sollte den Inhalt eines Textes so wiedergeben, dass er nachvollziehbar wird. Dazu sollte sie den Text in den wissenschaftlichen Kontext einordnen, seine Intention und Zielsetzung beschreiben, an ausgewählten Punkten kommentieren oder kritisieren und somit deutlich zeigen, wie der Verfasser der Rezension über den von ihm gelesenen Text denkt.

Gehen Sie kritisch mit dem zu rezensierenden Text um.

In einer Rezension geht es nicht nur darum, die Funktion des gesamten Textes und seine praktische Bedeutung zu beurteilen und zu bewerten, sondern auch um die Beschreibung von Aufbau und Logik des Textes, Auswahl und Anordnung von Argumenten, Beispielen, Personen, Episoden sowie um die Überprüfung und Reflexion der Empirie.

Die Rezension ist eine Textsorte, die es ihrem Verfasser erlaubt, Stellung zu beziehen und zu urteilen, die es zugleich aber auch verlangt, Positionen und Bewertungen nachvollziehbar zu machen – sei es am rezensierten Text selbst oder durch den Bezug zur wissenschaftlichen Diskussion.

2.8 Der Essay

Der Essay (frz. *essai*, dt. „Versuch") ist ein knapper, anspruchsvoller, bewusst subjektiver Text über ein bestimmtes Thema aus dem wissenschaftlichen, politischen, philosophischen oder einem ähnlichen Bereich. Der Essay eignet sich für Themen, die Denkanstöße geben und somit Raum für eigene Überlegungen bieten. Ausgangspunkt kann ein Problem, eine These oder eine kontrovers diskutierte Fragestellung sein. Abhängig von der Aussageabsicht werden berichtende, kritisierende, ironisierende und meditative Essays unterschieden.

Beziehen Sie deutlich Stellung.

Im Gegensatz zu anderen wissenschaftlichen Textsorten (etwa dem Fachaufsatz) ist der Essay bewusst perspektivisch geschrieben: Der Verfasser hat die Möglichkeit, wissenschaftliche Erkenntnisse zusammen mit seinen persönlichen Beobachtungen und Eindrücken zu schildern. Auf diese Weise beleuchtet der Essay das Thema von verschiedenen Seiten assoziativ, im Mittelpunkt steht jedoch die wissenschaftliche Argumentation, die zum Ausgangspunkt für Ergänzungen und weiterführende Überlegungen genommen wird.

Argumentieren Sie.

Das Schreiben von Essays fördert die kritische Beurteilung und das Abwägen wissenschaftlicher Positionen. Dabei wird kein Anspruch auf vollständige Darstellung in allen Details erhoben, wichtiger ist die Betrachtung des Gegenstandes in einem größeren Gesamtzusammenhang. Der Essay gilt sowohl in Bezug auf Inhalt und Aufbau als auch hinsichtlich der verwendeten Sprache als offene Form. Fachsprachliche Formulierungen werden zu Gunsten einer für die Allgemeinheit verständlichen Sprache weitgehend vermieden. Häufig werden jedoch literarische, poetische Darstellungsformen verwendet.

2.9 Das Referat und das Thesenpapier

Anders als das Protokoll, das etwas Bekanntes zusammenfasst und systematisiert, d. h. nacharbeitet, dient das Referat der Vorstellung eines unbekannten Themas. Ursprünglich bezeichnet das Wort Referat einen mündlichen Vortrag; im studentischen Alltag kann auch die schriftliche Ausarbeitung eines Vortrags gemeint sein, der nicht unbedingt auch gehalten werden muss. Referenten legen in der Regel, um ihre Informationsvermittlungsaufgabe erfüllen zu können, ihrem Vortrag geschriebene Texte zugrunde, die eine spezifische Form haben: Es besteht ein Unterschied zwischen dem mündlichen Referat und seiner schriftlichen Ausarbeitung.

Bedenken Sie die Adressaten Ihres Referats.

Der Referent richtet sich an das jeweils bestimmte Publikum – während des Studiums wird es sich vor allem um Kommilitonen handeln, die einen definierbaren Kenntnisstand und ein spezifisches Interesse am Thema haben. Diese konkreten Zuhörer werden bereits in den Referattext und erst recht in den mündlichen Vortrag einbezogen – das Referat ist nicht an den Seminarleiter zu richten. Trotz der einer Vorlesung ähnlichen Kommunikationsstruktur (einer redet, viele hören zu) ist ein Referat keine Vorlesung.

Bedenken Sie beim Aufbau des Referats, dass Sie in ein Thema einführen wollen.

Ein Weg, einen Problembereich vorzustellen, ist der, von einer konkreten Fragestellung auszugehen und quasi den Erkenntnisprozess, den Sie bei der Einarbeitung durchgemacht haben, für die anderen nachvollziehbar zu machen. Ein Referat sollte über die Einführung in ein Themengebiet, dessen Fragestellungen und die Erläuterung ausgewählter Beispiele hinaus auch eine kurze Orientierung über den Forschungsstand sowie Hinweise auf weiterführende Literatur geben. Je nach Kenntnisstand der Zuhörer müssen Sie als Referent auch darauf vorbereitet sein, Fachtermini und Zusammenhänge gesondert zu erläutern. Hilfreich ist es hier, ein Thesenpapier zu erstellen, das zugleich informiert und pointiert.

Weichen Sie – wenn nötig – von Ihrem Konzept ab, um ggf. ausführlicher zu erläutern. Fassen Sie zum Schluss das Wichtige zusammen, so dass vor der Diskussion der Rahmen nochmals klar abgesteckt ist.

Versuchen Sie, die Aufnahmefähigkeit der Zuhörer zu berücksichtigen.

Im Referat soll den Zuhörern Wissen so vermittelt werden, dass im Anschluss an das Referat dessen Inhalt gemeinsam diskutiert werden kann. Kernaussagen, komplexe Definitionen und wichtige Zitate gehören auch auf das Thesenpapier, das den roten Faden des Referats abbildet und den Zuhörern während des Vortrags vorliegt.

Führen Sie zu Beginn in die Thematik ein, und umreißen Sie den Ablauf Ihres Vortrags; weisen Sie auch darauf hin, wie lange Sie in etwa sprechen wollen – das ist zuhörerfreundlich, wenn Sie sich daran halten. Versuchen Sie, nicht abzulesen oder zu dozieren, sondern Ihren Zuhörern den Gegenstand wie im Gespräch nahezubringen, indem Sie zum Beispiel selbst Fragen stellen, die Sie in Ihrem Vortrag beantworten. Versuchen Sie, Interesse zu wecken und Fragehaltungen zu provozieren, weisen Sie auf Kontroversen hin. Sie können die anschließende Diskussion dadurch vorbereiten, dass Sie das Thema von einem konkreten Beispiel ausgehend entfalten, es in einen größeren Zusammenhang einordnen oder alternative Lösungen eines Problems vorstellen.

Bereiten Sie sich auf die Vortragssituation vor.

Wenn Sie an der Tafel oder auf dem Overheadprojektor schreiben wollen, sollten Sie dies üben – auch die Schrift auf vorbereitete Folien sollte groß genug und damit lesbar sein. Wenn Sie, während Sie sprechen, wesentliche Punkte an der Tafel festhalten, müssen Sie sich für die Zeit des Schreibens vom Publikum abwenden. Sie können auch vor dem Vortrag die Tafel beschreiben und sie während des Vortrags aufklappen – die Wandtafel hat dann jedoch denselben Nachteil wie ein Thesenpapier: Alle Informationen stehen auf einen Blick zur Verfügung, und Zitate laden zum vorausgreifenden Lesen ein – die Zuhörer schweifen ab, verfolgen Ihren Vortrag nicht kontinuierlich.

Der Overheadprojektor erlaubt es, für die Zuhörer zu schreiben, ohne sich von ihnen abzuwenden, und auch bei vorbereiteten Folien kann der Referent die Aufmerksamkeit seiner Zuhörer steuern. Ein ähnlicher Effekt wie beim ‚das Sprechen begleitenden Schreiben' lässt sich dadurch erzielen, dass a) immer nur der Teil der Seite, der gerade bedeutsam ist, aufgedeckt wird (der Referent muss dabei mit zwei Abdeckpapieren arbeiten) oder b) die Seite nach und nach aufgedeckt wird (hier genügt ein Papier). Die zeitgleiche Organisation des Mediums verlangt vom Vortragenden große Konzentration, und die Betreuung eines Projektors vor Publikum bereitet häufig sogar routinierten Rednern Probleme. Bitten Sie einen Kommilitonen – nicht selten werden Referate auch an Gruppen verteilt – die Folie abzudecken, Sie brauchen dann nur Zeichen zu geben und können sich auf Ihren Vortrag und die Reaktionen des Publikums konzentrieren.

Auch der Faktor Zeit ist zu bedenken: Der Rahmen eines Referats ist in den meisten Fällen auch dadurch sehr eng, dass sich an den Vortrag eine Diskussion anschließt. Reden Sie nicht zu lange, räumen Sie den Zuhörern die Gelegenheit ein, Fragen zu stellen oder Stellung zu nehmen.

Ein Stichwortkonzept ist sprech- und hörfreundlicher als ein ausformulierter Text.

Selbstverständlich kann ein Referattext ausformuliert werden, doch bietet es sich an, Stichwörter zu notieren, so dass die Gefahr des Ablesens von vornherein vermindert wird. Bedenken Sie, dass ein ausformuliertes Manuskript gut lesbar sein muss. Oft tut eine handschriftliche Ausarbeitung hier gute Dienste. Was man einmal geschrieben hat, vergisst man nicht so leicht – Sie kennen das, wenn Sie auch ohne den Einkaufszettel, der zu Hause auf dem Küchentisch liegen geblieben ist, genau das einkaufen, was Sie aufgeschrieben hatten. Egal ob mit der Schreibmaschine, dem PC oder mit der Hand: Schreiben Sie Ihr Manuskript übersichtlich und leserlich, d. h. gliedern Sie den Text stark, arbeiten Sie mit Zwischenüberschriften, verschiedenen Farben oder Schriftarten für Zitate und Definitionen, mit Absätzen und Einzügen. Schreiben Sie nicht zu viel auf eine Seite und beschreiben Sie die Blätter nur einseitig, so dass Sie das Manuskript Blatt für Blatt aus der Hand legen können.

Unterstützen Sie den Vortrag mit Hilfe eines Thesenpapiers.

Ein Thesenpapier sollte an der Gliederung des Vortrags orientiert sein und Definitionen, Zitate und deren Belege sowie weiterführende Literaturhinweise enthalten. Wenn Sie jeweils noch einige Kernaussagen ergänzen, wird es zu einer Dokumentation des Vortrags – was nicht selten einige der Zuhörer dazu verleitet, die Gedanken schweifen zu lassen und nicht mehr zuzuhören. Um hier vorzubeugen, können Sie das Thesenpapier so aufbauen, dass es Raum für die individuellen Notizen der Zuhörer lässt.

Achten Sie darauf, dass Thesenpapier und Vortrag weder im Ablauf noch in der Wortwahl zu stark voneinander abweichen.

Ein Thesenpapier, das nicht auf den ersten Blick im Zusammenhang zu den Argumenten der Rede steht, kann seinen Zweck nicht erfüllen, wirkt eher verwirrend als unterstützend. Ein gutes Thesenpapier kann für einen geübten Referenten, der keine Hemmungen vor der freien Rede hat und gut in das Thema eingearbeitet ist, zugleich als Konzept für den Vortrag genutzt werden. Ein gutes Thesenpapier sollte auch für Interessierte, die Ihren Vortrag nicht gehört haben, eine brauchbare Arbeitsunterlage sein. Auf das Thesenpapier gehören also vollständige Sätze, eben nicht nur Stichworte für Eingeweihte.

Sie können das Thesenpapier erstellen, nachdem oder auch bevor Sie den Vortrag ausgearbeitet haben.

Beide Verfahren bieten eigene Vorteile: Im ersten Fall kennen Sie den Vortrag gut, haben das Manuskript vorliegen und können die Kernaussagen auflisten. Im zweiten Fall dient Ihnen das Thesenpapier als Richtschnur; Sie machen sich zunächst klar, was Sie sagen wollen, und ergänzen nachträglich die Argumente – das Manuskript fügt sich in das Thesenpapier ein. In beiden Fällen dient der abschließende Abgleich von Thesenpapier und Vortrag dazu, zu überprüfen, ob das Referat dem Thema und den Zuhörern angemessen aufgebaut ist.

Noch einige Tipps für den Umgang mit Thesenpapieren:

- Geben Sie im Kopf Ort, Datum, Seminar, das Thema und den Namen des Referenten an.
- Teilen Sie das Thesenpapier vor dem Vortrag aus.
- Verweisen Sie beim Sprechen auf die Gliederungspunkte des Thesenpapiers.

2.10 Das Exposee

Wenn Sie ein Referat übernommen haben, werden Ihnen in der Regel Literatur und Arbeitszeitraum benannt, d. h. das Themengebiet ist stark eingegrenzt, Sie können sich nicht so leicht verzetteln. Im Gegensatz dazu könnte eine schriftliche Arbeit, die Sie ohne festen Termin und in freier Wahl Ihres Lesestoffes anfertigen, leicht ausufern. Daher ist es vor jeder größeren schriftlichen Arbeit, insbesondere vor einer Abschlussarbeit, deren Bearbeitungszeit befristet ist, wichtig, nicht erst im Entstehungsprozess des Textes festzustellen, dass das Ziel unerreichbar ist. Das Exposee ist die ausformulierte Planung einer wissenschaftlichen Arbeit – eine Kurzbeschreibung, die sich sowohl auf den Inhalt der Arbeit als auch auf ihre Realisierung und Realisierbarkeit bezieht.

Das Exposee wird im Anschluss an eine erste Phase der groben Orientierung geschrieben.

Ein Exposee dient dazu, vorab das Verhältnis von Kosten und Nutzen zu überschlagen, die Verfügbarkeit und den Umfang der zu verwendenden Literatur zu kommentieren und zu bestimmen, wie viel Lektüre oder Forschungsaufwand das zu bearbeitende Thema erfordert.

Im Exposee ordnen Sie Ihr Thema in einen größeren Gesamtzusammenhang ein und formulieren Annahmen bzw. Fragen, die Sie in Ihrer späteren Arbeit überprüfen bzw. beantworten wollen. Sie machen zusätzlich ausdrücklich deutlich, was Sie aus welchem Grund nicht berücksichtigen werden. Außerdem dokumentieren Sie Ihren Kenntnisstand über die für Ihre Arbeit relevante Literatur.

Sie sollten das Exposee in der Form schreiben, in der Sie auch die wissenschaftliche Arbeit schreiben wollen.

Auch in formaler Hinsicht kann ein Exposee Fragen klären helfen. Wählen Sie hier das Layout, in dem Sie auch Ihre Arbeit schreiben wollen: die Markierung der wörtlichen Zitate, der Einsatz von Fußnoten, die Form des Quellenbelegs und der Literaturangaben (vgl. Kap. 4) sowie Abkürzungen und typographische Kennzeichnungen. Ihr Betreuer kann Ihnen so auf der Grundlage des Textes Hinweise zur sprachlichen und formalen Gestaltung der Arbeit geben.

Wird das Exposee in seiner Form akzeptiert, müssen Sie sich beim Schreiben der Arbeit keine Gedanken machen; sollten Änderungen vorgenommen werden müssen, ist das jetzt noch kein Problem – sollte sich ein durchgängiger formaler Mangel erst bei der Endkorrektur herausstellen, würde dies Ärger verursachen und unnötig Nerven kosten.

Inhalt eines Exposees

- das, was behandelt wird (das **Thema**)
- die Perspektive, aus der es betrachtet wird (die **Fragestellung**)
- das, was der Text leisten soll (die **Zielsetzung**)
- der Weg, auf dem dieses Ziel erreicht wird (die **Methode** und ggf. Hilfsmittel)
- das Material, auf das zurückgegriffen werden kann (Umfang und Zugänglichkeit der **Quellen**)
- das, was bis zum Erreichen Ihres Zieles am Tag X zu tun ist (die geplanten **Arbeitsschritte**)

Das Exposee kann einen **Zeitplan** und ein vorläufiges **Literaturverzeichnis** enthalten.

Insofern ist das Exposee ein Extrakt der ersten Schritte der Entstehung einer wissenschaftlichen Arbeit: Themenfindung, Themeneingrenzung, Themenformulierung, Arbeitsbibliographie. Das Exposee dient auch als Haushaltsplan und gibt Ihnen (und Ihrem Betreuer) Aufschluss über Ihre Einschätzung des Arbeitsumfangs und -aufwands wie in einer Kosten-Nutzen-Analyse.

Das schriftliche Exposee zwingt Sie dazu, zu fokussieren und Anforderungen zu fixieren.

Dadurch werden Sie sich über das wahrscheinliche Ausmaß der Arbeiten klar. Es ist jedoch keinesfalls als Korsett zu verstehen, in das Sie Ihren Text oder Ihre Vorarbeiten zwängen müssen. Ihrem Betreuer dient es zugleich als Orientierung über Hilfen, die er geben könnte oder sollte. Das Exposee ist also Wegweiser für Ihr wissenschaftliches Arbeiten – selbstverständlich nicht als endgültiger Plan oder Richtlinie, die es zu befolgen gilt. Es ist eine Diskussionsgrundlage und spiegelt den Stand Ihrer Erkenntnis an dem Tag, an dem Sie mit der gründlichen Bearbeitung Ihres Themas begonnen haben. Dass sich der Zeitplan und die von Ihnen formulierte Gliederung der Arbeit ändern werden, unter Umständen mehrfach, liegt in der Natur wissenschaftlichen Arbeitens.

Trotz seines ausgesprochenen Werkstattcharakters ist das Exposee kein Text, den Sie sofort, nachdem Sie ihn geschrieben haben, in der Schublade verschwinden lassen sollten. Es kann Ihnen dazu dienen, Ihre Wissensfortschritte zu erkennen, indem Sie den jeweiligen Stand Ihrer Arbeit mit Ihren Vorannahmen abgleichen und auf Bestätigungen oder Abweichungen hin abklopfen. So verdeutlichen Sie sich jeden Schritt Ihrer wissenschaftlichen Erkenntnis – und das ist wichtig, um den Überblick zu behalten.

2.11 Die schriftliche Hausarbeit

In einer Hausarbeit soll der Verfasser zeigen, dass er ein gestelltes Thema problemorientiert darstellen kann, wissenschaftliche Theorien und die Forschungslage kennt sowie außerdem die Techniken wissenschaftlichen Arbeitens beherrscht.

Allgemeine Gliederung einer Hausarbeit (vgl. Kap. 6.1.1)

- **Einleitung** (Hinführung zum Thema, Erörterung der Fragestellung, Beschreibung des Aufbaus der Arbeit)
- **Hauptteil** (der Struktur des bearbeiteten Themengebietes und der Fragestellung entsprechend in Kapitel unterteilt)
- **Schluss** (Zusammenfassung der Ergebnisse, Schlussfolgerungen, Ausblick)

Anders als das adressatenbezogene Referat, das Informationen für eine Diskussion bereitstellen soll, bietet die schriftliche Hausarbeit Raum für die sachgerechte Darstellung, Systematisierung, Diskussion und – wenn möglich – Lösung eines Problems. Die Anforderungen an die Wissenschaftlichkeit sind im Vergleich zum mündlich gehaltenen Referat höher, denn der geschriebene Text ist die einzige Variante der Arbeit und kann wiederholt gelesen werden. Im Vergleich zum Referat ist der Umfang einer Hausarbeit außerdem nicht zeitlich begrenzt, er wird nach Seiten bemessen. In der ersten Studienphase wird er geringer sein als in der zweiten. Welche Richtlinien genau gelten, müssen Sie für Ihr Studienfach in Erfahrung bringen.

Bereits die Wahl des Themas bildet eine wesentliche Komponente der Hausarbeit.

Eine Hausarbeit erfordert viel Lese- und Schreibarbeit. Sollten Sie sich mit etwas auseinander setzen müssen, das Sie nicht interessiert, wird Ihnen die Arbeit schwerer fallen, als wenn Sie ein Anliegen verfolgen, das Sie tatsächlich beschäftigt. Aber bedenken Sie: Nicht selten steigert sich das Interesse in erstaunlichem Maße, wenn man sich in ein Thema hineinarbeitet und sich von ihm packen lässt. Vergessen Sie allerdings nicht: Das lateinische Wort *interesse* bedeutet „dabei sein, dazwischen sein“; das Interesse an einer Sache wächst in der Regel, wenn man sich erst einmal ernsthaft mit ihr beschäftigt.

Formulieren Sie eine konkrete Fragestellung, die vorgibt, wie Sie das Thema behandeln wollen.

Das Thema sollte für Sie handhabbar, es sollte aber auch wissenschaftlich bearbeitet und bearbeitbar sein. Jedes Thema wird durch eine gewisse Perspektive der Behandlung interessant: Formulieren Sie eine präzise Fragestellung, die Ihnen hilft, zu entscheiden, was Sie bearbeiten wollen (und was nicht). Der Text Ihrer Arbeit sollte verständlich und schlüssig sein und Ihren Gedankengang nachvollziehbar machen. Wichtig ist dabei ein ausgewogenes Verhältnis zwischen eigenem und (wörtlich oder sinngemäß) zitiertem Text.

Eine Hausarbeit dient auch dazu, sich im Hinblick auf eine Abschlussarbeit mit den Techniken wissenschaftlichen Arbeitens und Schreibens vertraut zu machen.

Für jede wissenschaftliche Arbeit ist es unabdingbar, dass sie nachvollziehbar und nachprüfbar ist. Zu validen Ergebnissen gelangt man durch die sorgfältige Planung der Arbeit und wissenschaftliche Argumentation.

Die von Ihnen ausgewählten und bewerteten wissenschaftlichen Erkenntnisse anderer müssen so gekennzeichnet sein, dass sie nachgelesen werden können. Die formale Gestaltung einer Arbeit unterstützt das Anliegen der Nachvollziehbarkeit durch Quellen und Zitate; orientieren Sie sich an den Vorgaben des jeweiligen Fachbereiches.

Zum wissenschaftlichen Arbeiten gehört auch, dass Sie einen Text fehlerfrei und den Konventionen Ihres Faches entsprechend gestalten.

Für die wissenschaftliche Arbeit gelten die allgemeinen Anforderungen an Schriftsprache, zugleich aber auch Besonderheiten der Fachsprache und Konventionen der Wissenschaftssprache. Wird in den Hausarbeiten der ersten Studienphase der Akzent auf der Technik wissenschaftlichen Arbeitens liegen, so erhöht sich der erforderliche Eigenanteil bis zur Abschlussarbeit kontinuierlich.

Wägen Sie Vor- und Nachteile einer Gruppenarbeit ab.

Sollten Sie planen, eine schriftliche Hausarbeit als Gruppenarbeit zu erstellen, erkundigen Sie sich unbedingt vorher bei Ihrem Dozenten, ob Sie so arbeiten dürfen und welche besonderen Maßgaben für Gruppenarbeiten gelten. Eine Gruppenarbeit kann (muss aber nicht) zu einer sehr intensiven Beschäftigung mit dem Thema und zu fruchtbaren Diskussionen in der Gruppe führen. Auch wenn sich Gruppenarbeiten positiv auf das Arbeitsengagement und die Auseinandersetzung mit dem Thema auswirken können – problematisch ist die Beurteilung der individuellen Leistung. Damit jeder Einzelne der Gruppe für seine Abschlussarbeit Erfahrungen sammeln kann, sollten Sie – wenn eine Arbeitsteilung erfolgte – in einem Vorwort darauf verweisen, wer für welche Kapitel verantwortlich zeichnet. Wenn Sie es vorziehen, eine Gruppenarbeit in Gruppenverantwortung vorzulegen, sollten Sie sich vor Augen halten, dass diese Situation nicht typisch für wissenschaftliches Arbeiten ist. Auch wenn Ihnen Entscheidungen in der Gruppe leichter fallen: Sie müssen lernen, die Verantwortung für Ihre wissenschaftliche Arbeit zu übernehmen. Nehmen Sie diese persönliche Herausforderung persönlich an. Ein guter Mittelweg ist der, sich ein Thema in einer Gruppe zu erarbeiten und danach individuelle Arbeiten zu schreiben.

Bestandteile einer Hausarbeit

Titelblatt - enthält Angaben über Ort (Universität), Zeit (Semester), Titel des Seminars, Leiter des Seminars, Titel der Arbeit, Art der Arbeit (Hausarbeit im Grundstudium/ Hauptstudium), Name des Verfassers, Semesterzahl, Adresse, Telefonnummer, Datum der Abgabe.

Inhaltsverzeichnis - die Auflistung der Kapitelüberschriften und der Seiten, auf denen die Kapitel beginnen. Die Seite des Inhaltsverzeichnisses wird mitgezählt, aber selbst nicht nummeriert.

Text - gegliedert in Kapitel, mit einleitendem und zusammenfassendem Kapitel.

ggf. **Anmerkungsverzeichnis** - wenn Anmerkungen und Quellenangaben nicht in den Fußnoten stehen, müssen sie am Ende der Arbeit gemeinsam aufgelistet werden.

Literaturverzeichnis - alphabetisch geordnete Liste der verwendeten, also der zitierten Literatur. Das Literaturverzeichnis wird als eigenes Kapitel der Arbeit nummeriert und an das Ende der Arbeit gestellt (im Inhaltsverzeichnis ausgewiesen).

Bei der Abschlussarbeit: unterschriebene **ehrenwörtliche Erklärung**, dass die Arbeit selbstständig und ohne andere als die angegebenen Hilfsmittel verfasst wurde.

2.12 Die Abschlussarbeit (Examensarbeit, Magisterarbeit, Diplomarbeit)

Die Abschlussarbeit ist die schriftliche Hausarbeit, die ein Universitätsstudium beschließt. Der Prüfungskandidat weist mit dieser größeren, innerhalb einer bestimmten Frist anzufertigenden wissenschaftlichen Arbeit nach, dass er eine gestellte Aufgabe aus seinem Studiengebiet nach wissenschaftlichen Methoden selbstständig bearbeiten und seine Ergebnisse sachgerecht darstellen kann. Abschlussarbeiten sind in der Regel in einem befristeten Zeitraum anzufertigen. Die genaueren Bedingungen, Angaben über die Bearbeitungsdauer und den Umfang der Arbeit erfahren Sie anhand der für Sie gültigen Studien- und Prüfungsordnungen.

Wählen Sie für Ihre Abschlussarbeit kein Themenfeld, das Ihnen gänzlich unbekannt ist.

Sie sollten schon vor Arbeitsbeginn in etwa wissen, über was Sie schreiben werden. Das bedeutet nicht, dass Sie schon präzise Ergebnisse formuliert haben, die Ihre Forschung oder Argumentation erbringen soll – ein solches Vorgehen macht blind für unerwartete Möglichkeiten oder Varianten. Sie sollten sich jedoch über die grobe Richtung Ihrer Forschung auch deshalb im Klaren sein, weil Sie nur dadurch bewusste Entscheidungen für die Recherche und den Aufbau der Arbeit treffen (und korrigieren) können.

Die Quellen, die Sie für die Bearbeitung Ihres Themas benötigen, müssen zugänglich sein.

Diese Vorüberlegung ist nicht zu unterschätzen. Sie sollten daher ein wenig recherchieren und den Buchbestand der Universitätsbibliothek und/oder Ihrer Stadtbibliothek prüfen, bevor Sie mit Ihrem Dozenten das Thema für eine schriftliche Arbeit absprechen. Es ist durchaus möglich, dass Sie durch das Fehlen von Quellen an der kontinuierlichen Bearbeitung Ihres Themas gehindert werden. Sie sollten den Aufwand der Literaturbeschaffung abschätzen – dieser darf bei einer Abschlussarbeit größer sein.

Das Thema sollte Ihre Fähigkeiten nicht überfordern.

Die Einschätzung der eigenen Kenntnisse auf einem Gebiet kann schwierig sein – Ihr Betreuer wird Sie im Gespräch bei der Themenformulierung beraten. Selbst ein vielleicht überarbeiteter Professor hat Assistenten und Mitarbeiter, an die Sie sich wenden können und sollten. Außerdem können Sie über die Fachschaft Kontakte zu Kommilitonen höherer Semester knüpfen.

Anders als bei den normalen Hausarbeiten haben Sie eine relativ lange, häufig eine halbjährige Bearbeitungsfrist.

Sowohl der Zeitpunkt der Themenausgabe – in der Regel wird Ihnen das Thema schriftlich per Post mitgeteilt – als auch der Zeitpunkt der Abgabe der Arbeit werden aktenkundig gemacht. Das verwaltungstechnische Drumherum, insbesondere der Abgabetermin, sollte Sie nicht allzu sehr beschäftigen – lassen Sie sich dadurch nicht in dem Sinne beeindrucken, dass Sie sich unter Druck gesetzt fühlen.

Die Fristen haben vor allem einen praktischen Aspekt: Sie können die Abschlussarbeit nicht – wie vielleicht einige Arbeiten im Verlauf Ihres Studiums – semesterlang vor sich herschieben. Wenn Sie die Befristung in dieser Weise positiv schätzen, dürfte sie Ihnen den Spaß am wissenschaftlichen Arbeiten nicht verderben. In der Regel ist es ohnehin so, dass Sie sich beschränken müssen: Sie können nicht alles lesen und erst recht nicht alles schreiben – daher sollten Sie nicht bei der Erfindung des Rades beginnen, sondern sich auf die bisher dokumentierten wissenschaftlichen Erkenntnisse berufen.

Das Beherrschen der wissenschaftlichen Arbeitstechniken wird vorausgesetzt und dementsprechend bewertet.

Für die verschiedenen Typen von Abschlussarbeiten gelten grundsätzlich die Regeln wissenschaftlichen Schreibens (vgl. Kap. 4). Je nach angestrebtem Abschluss soll eine Abschlussarbeit zeigen, dass der Prüfungskandidat für sein späteres Berufsleben gerüstet ist. Das bedeutet, dass abhängig vom Berufsziel entweder ein auf das Lehramt bezogenes Thema (Staatsexamensarbeit), ein wissenschaftliches Thema (Magisterarbeit) oder ein Problem aus dem Fachgebiet (Diplomarbeit) selbstständig zu bearbeiten und sachgerecht darzustellen ist.

Die unterschiedliche Schwerpunktsetzung liegt in den durch die jeweilige Prüfung zu beweisenden Qualifikationen begründet: Lehramtskandidaten sollten demnach tendenziell pädagogisch-didaktische Aspekte, Magisterkandidaten eher theoretisch-wissenschaftliche Aspekte und Diplomanden mehr praktisch-berufsbezogene Aspekte ihres Faches behandeln. In den musischen Fächern kann auch die Anwendung künstlerisch-gestalterischer Methoden verlangt sein.

Die Eigenleistung sollte in der Auswahl und Anordnung des Stoffes sichtbar werden.

In Ihrer Abschlussarbeit sollen Sie zeigen, dass Sie die Zusammenhänge des Faches überblicken und in der Lage sind, Erkenntnisse kritisch einzuordnen, dass Sie die Fähigkeit besitzen, wissenschaftliche Methoden anzuwenden und Ergebnisse zu formulieren. Die Abschlussarbeit reproduziert Meinungen, Theorien und Auffassungen und enthält darüber hinaus deren Diskussion sowie ihre Einordnung in einen Gesamtzusammenhang. Damit sind Sie als kritischer Leser und Wissenschaftler gefragt, der nach-, mit- und weiterdenkt.

2.13 Die Klausur

Eine Klausurarbeit wird im Rahmen von Abschlussprüfungen verlangt oder im Anschluss an ein ein Semester lang besuchtes Seminar geschrieben. Klausurarbeiten des zweiten Typs sollen dazu dienen, den Stoff einer Veranstaltung abzufragen.

Typen von Klausuren

In einer Klausur können verschiedene Fragen zu verschiedenen Aspekten der im Semester behandelten Thematik gestellt werden, wobei diese offen oder durch ein Multiple-Choice-Verfahren o. Ä. normiert sein können.

Multiple-Choice-Tests haben es zumeist in sich: Sie sind häufig darauf angelegt, den Kandidaten unter Zeitdruck zu setzen. Lassen Sie sich daher nicht von den zum Teil verwirrenden Fragen und Antwortmöglichkeiten durcheinander bringen: Falls Sie die richtige Antwort nicht auf Anhieb erkennen, denken Sie kurz nach. Kreuzen Sie dann auf jeden Fall etwas an. Entweder die Alternative, die Ihnen am wahrscheinlichsten erscheint, oder – falls Sie hier keine Entscheidung treffen können – eliminieren Sie das Unwahrscheinlichste und kreuzen per Zufall an.

Eine Klausur kann auch aus Fragen zu verschiedenen Themenbereichen bestehen. Hier ist es nicht auszuschließen, dass der zu beantwortende **Fragenkatalog** so umfangreich ist, dass er in der zur Verfügung stehenden Zeit nicht bewältigt werden kann. Die Absicht, die hinter einer so gestellten Klausur steht, ist oft die folgende: Für jeden soll etwas dabei sein; wer Schwierigkeiten mit einer Frage hat, soll die Chance haben, eine andere zu beantworten. Es wird nicht erwartet, dass jemand alle Fragen beantwortet.

Sollten in einer Klausur viele Fragen gestellt sein, beantworten Sie diejenigen zuerst, die Sie sofort beantworten können.

In einer Klausur können aber auch wenige Fragen (manchmal sogar nur eine) so allgemein formuliert sein, dass der Prüfling die Möglichkeit hat, in einem frei zu formulierenden **Klausurtext** selbst Schwerpunkte zu setzen. Die Abschlussklausur wird in den meisten geisteswissenschaftlichen Fächern so aussehen: Der Kandidat soll beweisen, dass er ein fachliches Problem erkennen, erörtern und in begrenzter Zeit (ansatzweise) lösen kann.

Obwohl sich die Zweckdefinition der Klausurarbeit demnach kaum von den übrigen Typen wissenschaftlicher Arbeiten unterscheidet, sieht ein Klausurtext anders aus als der eines Referates oder einer schriftlichen Hausarbeit. Das hat verschiedene Gründe:

Während einer Klausur ist die Schreibzeit begrenzt.

Nicht nur aus diesem Grund ist jede Klausur eine der Stresssituationen par excellence. Doch lassen Sie sich von solchen Äußerlichkeiten nicht beeindrucken: Widmen Sie sich dem Thema, und lassen Sie dabei die Uhr aus den Augen. Das anfängliche Brainstorming kann etwa ein Viertel der Klausurzeit beanspruchen.

Auch wenn die anderen schon schreiben - beginnen Sie erst dann, wenn Ihnen die Herangehensweise klar ist. Besser etwas länger nachdenken, als sich beim Schreiben vergaloppieren. Lesen Sie Ihren Text, falls Sie am Ende noch einige Minuten haben - vielleicht können Sie noch das eine oder andere Komma geraderücken.

Es stehen keine oder wenige Hilfsmittel zur Verfügung.

Als Hilfsmittel werden dem Prüfling Texte, die er im Rahmen des Klausurthemas bearbeiten soll, zur Verfügung gestellt. Das heißt, die Klausur wird geschrieben, ohne dass in Fachwörterbüchern nachgeschlagen oder aus verschiedenen Fachaufsätzen o. Ä. zitiert werden kann. Das Thema ist also hauptsächlich mit Hilfe des erworbenen Wissens zu bearbeiten - Namen, Daten, Fakten, Entwicklungen und Zusammenhänge müssen aus der Erinnerung niedergeschrieben und natürlich auch belegt werden.

Die Klausuraufgabe kann allgemein oder speziell formuliert sein.

Häufig stehen in einer Abschlussklausur zwei bis drei Themen zur Wahl, von denen nur eines bearbeitet werden muss. Da diese dem Prüfling in der Regel im Wortlaut nicht bekannt sind, muss er in der Lage sein, seine Vorbereitung ad hoc so auszuwerten, dass er nicht am gewählten Thema vorbei schreibt. Daher verlangt eine Klausur eine besondere Vorbereitung.

Die geeignete Klausurvorbereitung beginnt mit der Themenabsprache.

Wählen Sie auch für Ihre Klausur kein Themengebiet, in dem Sie sich nicht auskennen - positiv formuliert: Wählen Sie einen Bereich, in dem Sie sich zu Hause fühlen. Allgemein gilt: Ein übersichtliches, endliches, gut strukturierbares Themengebiet ist griffiger und sogar unter Klausurstress besser handhabbar als ein Bereich, der viele Fragen offen lässt. Lässt sich Ihr Thema überschaubar strukturieren, ist es in der Regel auch leicht aus der Erinnerung hervorzuholen.

Es gibt verschiedene Wege der detaillierteren Vorbereitung.

Die Grundlagenarbeit ist immer gleich: Wenn Sie Ihren Themenbereich kennen, arbeiten Sie so, wie Sie es von Ihren Hausarbeiten her gewöhnt sind, beschränken sich aber auf Fachwörterbücher, Einführungen, Grundlagenwerke und ausgewählte Aufsätze. Lesen und exzerpieren Sie. Wörtliche Exzerpte haben für eine Klausur nicht den Rang, den sie für andere schriftliche Arbeiten haben, aber einige geflügelte Worte des Faches können nicht schaden. Fertigen Sie nebenher eine Geographie Ihres Themenbereiches an, indem Sie eine logische Karte zentraler Begriffe, Theorien und Namen zeichnen (vgl. Kap. 3.1). Je nachdem, wie Sie arbeiten, könnte Ihre Klausurvorbereitung hier abgeschlossen sein. Anschließend sind zwei Wege denkbar:

a) Sie prägen sich diese Karte genau ein und entwickeln die Klausur erst beim Klausurtermin, indem Sie Ihre Karte aus der Perspektive der Themenstellung lesen. Die Klausur beginnen Sie mit einem Brainstorming und entwerfen dem Thema entsprechend auf einem Konzeptpapier eine Karte, die vielleicht weniger umfassend, aber an einigen Stellen genauer ist als die Ihrer Vorbereitung. Dann nummerieren Sie auf dieser Karte die einzelnen Stichpunkte und erhalten so eine erste Gliederung Ihrer Klausur. Schreiben Sie diese jetzt Punkt für Punkt auf, wobei Sie das Abgehandelte auf der Karte abhaken. Lassen Sie beim Schreiben die erste Seite frei, so dass Sie am Ende der Klausurzeit hier die endgültige Gliederung mit dem originalen Wortlaut Ihrer Kapitelüberschriften nachtragen können.

b) Sie können aber auch bereits in Ihrer Vorbereitung weiterdenken und eine allgemeine, immer währende Gliederung und die dazugehörigen fertigen Kapitel entwerfen und vorschreiben. Vielen hilft es, wenn sie den Text schon einmal geschrieben haben – sie nehmen dafür in Kauf, dass ihre Vorbereitung dem in der Klausur gestellten Thema nicht genau entspricht, und hoffen, mit ein bis zwei während der Klausur formulierten und an geeigneter Stelle in das Konzept eingebauten Kapiteln, dem Thema dennoch rundum gerecht zu werden.

Welcher Weg der bessere ist, ob Sie die Klausur vorschreiben wollen oder nicht und ob Sie sich überhaupt mit einer geographischen Karte anfreunden können, müssen Sie für sich entscheiden. Falls Sie zu denjenigen gehören, die von sich sagen, dass sie ein gutes akustisches Gedächtnis haben, können Sie auch mit dem Kassettenrekorder arbeiten und Ihr Manuskript oder Ihre thematisch gruppierten Stichworte auf Band sprechen und abhören.

Die geeignete Klausurvorbereitung endet mit einer Phase des Einprägens.

Vielen hilft es, den gesamten Text vorzuschreiben und auswendig zu lernen, so dass sie sich während der Klausur nur noch erinnern müssen. Flexibler auf Unbekanntes reagiert hingegen derjenige, der sich in der Vorbereitung noch nicht auf eine konkrete Fragestellung konzentriert, sondern sich mit Hilfe der Mind-Map-Technik die verschiedenen Aspekte und ihre Beziehungen untereinander verdeutlicht und den Klausurtext erst während der Klausurzeit formuliert. Selbstverständlich können auch beide Techniken kombiniert werden. Egal, wie Sie sich vorbereiten: Beachten Sie beim Schreiben die Fragestellung und üben Sie, flüssig und trotzdem leserlich mit der Hand zu schreiben.

Kapitel 3:

Wissenschaftlich arbeiten

Jede schriftliche Studienarbeit ist eine wissenschaftliche Arbeit, auch eine Hausarbeit im Grundstudium sollte daher genau betrachtet die Kriterien der Wissenschaftlichkeit erfüllen; und sie tut dies auch – ihrem Verfasser mehr oder minder bewusst – in geringerem oder höherem Maße. Dies beginnt damit, dass es typische Stationen des Arbeitsprozesses gibt, und endet damit, dass der Text eine charakteristische Form hat. Nutzt man von Anfang an die Möglichkeiten des Computers, lässt sich das Vorgehen systematisieren und dadurch vereinfachen.

In diesem Kapitel werden die Phasen der Entstehung einer wissenschaftlichen Arbeit beschrieben: sich orientieren (ein Thema finden und eingrenzen, eine Fragestellung formulieren), Material beschaffen (recherchieren und bibliographieren), das Material bearbeiten (lesen und exzerpieren).

Eine wissenschaftliche Arbeit will und soll informieren, d. h. einen Sachverhalt sachgerecht behandeln. Was im einzelnen Fall unter sachgerecht zu verstehen ist, ergibt sich aus den Anforderungen des Studienfaches: In der Mathematik oder Chemie wird die sachgerechte Darstellung eines Problems und seiner Lösung in den meisten Fällen einlinig sein; in den Geisteswissenschaften wird zur sachgerechten Darstellung auch die Abwägung gegensätzlicher Positionen und/oder die historische Einordnung bzw. Chronologisierung verschiedener Theorien gehören. So ist es selbstverständlich, dass die Voraussetzung für wissenschaftliches Arbeiten darin besteht, sich Wissen zu verschaffen – indem man wissenschaftliche Arbeiten liest, um Wissen anzusammeln und sich Notizen zu machen.

Bevor Sie anfangen, Literatur zu suchen und zu lesen, sollten Sie Ihr Thema formuliert haben. Wenn Sie ohne klare Themenstellung zu lesen beginnen oder gar Merkzettel anlegen, so ist es leicht möglich, dass Sie gleichzeitig in verschiedene Richtungen streben, dass Sie sich durch jede weitere Lektüre verwirren, dass Sie zwei Schritte vor und danach drei zurückgehen – vielleicht sogar, ohne es zu bemerken. Trotz zahlreicher Stichworte lässt sich kein roter Faden finden. Um ein derart ineffektives, unerfreuliches Arbeiten zu vermeiden, ist es wichtig, sich deutlich vor Augen zu führen, was die eigene wissenschaftliche Arbeit leisten kann und soll.

3.1 Sich orientieren

Texte haben stets ein Thema. Bevor man sich gedanklich oder schriftlich mit einem Thema befasst, sollte man es einordnen können. Die Orientierung dient dazu, einen Inhalt zu erschließen: seine Komponenten, seinen Umfang, seine Reichweite, seine Bedeutung und/oder seine Erscheinungsformen zu klären. Die folgenden Hinweise zur Orientierungsphase gelten für frei gewählte wie vorgegebene Themen und ermöglichen es, ein Thema zu beurteilen und handhabbar zu machen. Die erste Einordnung des Themas sollte von den beiden Fragen

- Was weiß ich über das Thema?
- Was will ich wissen?

geleitet sein.

Schreiben Sie alles, was Ihnen einfällt – und dazu können auch Elemente gehören, die mit dem Thema verwandt sind, Ihrer Ansicht nach jedoch nicht zu behandeln sind –, in Stichworten oder kurzen Sätzen auf. Betrachten Sie dann die Liste und versuchen Sie, auf einem neuen Blatt Papier eine Ordnung vorzunehmen: Schreiben Sie Ihre Stichpunkte dazu nicht in Form einer Liste, sondern von der Mitte der Seite ausgehend nach außen auf.

Zeichnen Sie eine erste Mind-Map.

In einer Mind-Map, zu deutsch etwa „Karte des Denkens“, werden vom Zentrum (einem Kreis, in dem das Thema benannt wird) zur Peripherie Stich- und Schlagwörter systematisiert: So entsteht eine Art Landkarte eines Themenbereichs, in der Aspekte eines Themas auf Haupt- und Unteräste sowie Zweige verteilt werden.[4] Notieren Sie zusammengehörige Aspekte gebündelt, verwandte Aspekte benachbart. Verbinden Sie die Aspekte mit Linien, die Sie beschriften, so dass sich ein Netzwerk aus Hauptästen, Unterästen und Unterunterästen (Zweigen) ergibt. So entsteht eine Mind-Map, die das Bild darstellt, das Sie vom Thema im Kopf haben. Dieses Bild und damit auch die Mind-Map werden sich während der Textvorbereitung mehrfach ändern. Die Mind-Map wird ergänzt, erweitert, ggf. umstrukturiert oder geteilt, sie dient dazu, die Struktur eines Themas zu veranschaulichen und kann die Themenabgrenzung verdeutlichen – etwa so:

---

4 Mind-Mapping ist eine Strukturierungsmethode, die sich von der linearen Aufteilung des Papiers löst. Nach einem ähnlichen Prinzip verfährt jeder, der z. B. einen Einkaufszettel nicht als Liste, sondern in Form von Warengruppen schreibt. Eine Mind-Map ist demgegenüber jedoch verfeinert, indem sie auch Abhängigkeitsbeziehungen abzubilden sucht. Als Erfinder und Urheber der Mind-Maps betrachtet sich der Amerikaner Tony Buzan, der zahlreiche Bücher zum kreativen Denken geschrieben hat. Ins Deutsche übersetzt sind u. a. „Kopftraining“ und „Das Mind-Map-Buch“ (das er zusammen mit seinem Bruder Barry Buzan verfasst hat).

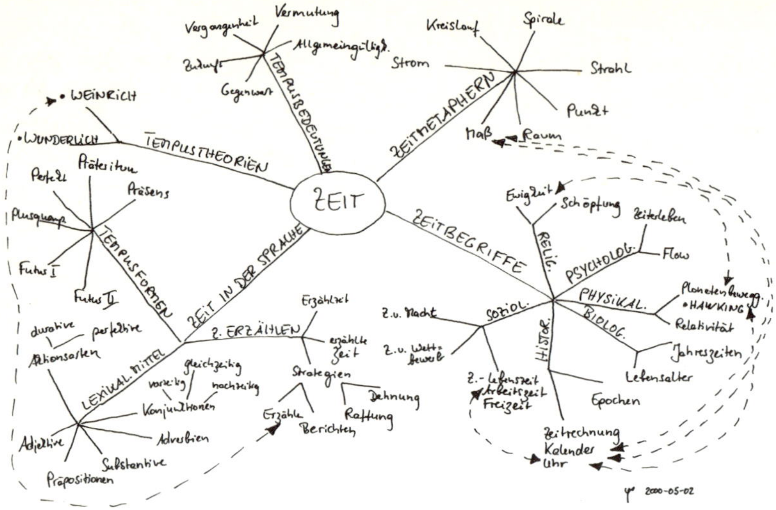

Beispiel für eine Mind-Map

Stellen Sie Fragen an das Thema.

Betrachten Sie die Mind-Map und versuchen Sie, sie zu differenzieren, indem Sie Gründe und Ursachen, Folgen und Entwicklungen, historische Entwicklungen, logische oder zeitliche Beziehungen, konkrete Beispiele oder Lehrmeinungen und Traditionen berücksichtigen und ggf. ergänzen. Wenn Sie nun Fragen[5] an das Thema stellen, wird es möglich, besser einzuschätzen, was Sie an dem Thema wissenschaftlich bearbeiten könn(t)en. Wenn Sie viele, sehr unterschiedliche Fragen formulieren können, die sich auf keinen gemeinsamen Nenner bringen lassen, dürfte Ihr Thema zu groß sein. Versuchen Sie deshalb, eine präzise Fragestellung zu formulieren, die Ihr Filter für die Behandlung des Themas sein soll – Sie müssen Ihr Erkenntnisinteresse auf eine erkenntnisleitende Frage reduzieren können. Um sich in ein Thema einzuarbeiten, braucht man eine präzise Fragestellung, die eine Auswahl von Inhalten ermöglicht und lenkt. Wenn es schwer fällt, eine solche Fragestellung zu formulieren, muss als Erstes das Thema mit Hilfe der folgenden Richtlinien beurteilt werden:

5 Beispielsweise lautet Ihr Thema: *Das Zeitempfinden im 20. Jahrhundert.* Mögliche Fragen sind: Was ist das Besondere am Zeitempfinden im 20. Jahrhundert? Was unterscheidet das Zeitempfinden im 20. Jahrhundert von dem im 19. Jahrhundert? Hat sich das Zeitempfinden verändert? Haben alle Menschen das gleiche Zeitempfinden? Wo kann man Unterschiede aufzeigen? Was unterscheidet das Zeitempfinden vom Raumempfinden? Wie wird das Zeitempfinden sprachlich ausgedrückt?

Ein Thema sollte nicht unbekannt sein.

Ein unbekanntes Thema kann sich als Fass ohne Boden erweisen: Man muss viele Vorarbeiten leisten, um es einschätzen zu können, Wichtiges von Unwichtigem zu unterscheiden und es greifbar zu machen. Selbst vermeintlich bekannte Themen bergen Neuigkeiten, wenn man sich intensiv mit ihnen beschäftigt – bei einem unbekannten Thema ist alles neu, es wird besonders schwer, zu fokussieren.[6]

Ein Thema sollte nicht zu groß sein.

Ein zu großes Thema ist unhandlich, da es keine klare, deutliche Auseinandersetzung erlaubt. Anfänglich sehen viele Themen so aus, als gäben sie nichts her, doch wenn man sich ein Thema gründlich erarbeitet, birgt selbst ein als klein eingeschätztes Thema eine Fülle von Informationen.[7]

Ein Thema sollte zugänglich sein.

Die Zugänglichkeit eines Themas kann man beurteilen, wenn man sich mit dem Gegenstand etwas vertraut gemacht hat. Zunächst sind folgende Fragen zu klären: Ist Literatur vorhanden? Wie aufwendig ist ihre Beschaffung? Ist eine für die Untersuchung notwendige Ausstattung vorhanden oder zu beschaffen? Auf einer zweiten Ebene sollte man Folgendes prüfen: Ist die erforderliche Literatur verständlich? Sind die notwendigen Arbeitstechniken bekannt? Gibt es Hilfsmittel?

Ein Thema sollte interessant sein.

Häufig werden in Seminaren Hausarbeitsthemen vergeben, die so formuliert sind, dass sie auf das im Seminar vermittelte Wissen aufbauen. Vorformulierte Themen können zwar persönliche Interessen wecken, müssen diese aber nicht treffen – versuchen Sie daher, Ihr Thema selbst zu formulieren. Wissenschaft hat auch etwas damit zu tun, sich Wissen zu verschaffen. Die Faustregel sollte man nicht missverstehen: Natürlich ist es nicht grundsätzlich verkehrt, wenn einen ein Thema von Anfang an fesselt und man so richtig neugierig ist. Doch oft ergibt sich auch erst durch die Beschäftigung mit einem Thema ein Interesse, daher ist Interesse nicht notwendige Voraussetzung. Verspürt man jedoch eine Abneigung gegen ein Thema, sollte man besser die Finger davon lassen.

---

6 Beispiel: Das Thema *Die Zeit* ist, wenn man sich noch nie damit beschäftigt hat, kaum einzuschätzen. Was ist gemeint? Man muss sich bemühen, Verbindungen herzustellen, so wird das Thema greifbarer: *Die Zeit in der Physik.*

7 Beispiel: Das Thema *Die Zeit* muss, um es sinnvoll bearbeiten zu können, präzisiert bzw. eingegrenzt werden: *Die Zeit in der Sprache: Tempusformen und andere Zeitwörter.*

Ein Thema sollte nicht zu persönlich sein.

Persönliche Betroffenheit ist deutlich vom Interesse für eine Sache zu unterscheiden: Während Interesse beflügelt, hemmt Involviertheit den Arbeitsprozess – irgendwo kommt ein Punkt, an dem man etwas nicht mehr so genau wissen will oder es nicht möglich ist, einen Sachverhalt nüchtern, unbefangen oder unparteiisch darzustellen.[8]

Ein Thema sollte nicht zu ehrgeizig sein.

Man sollte mit der Bearbeitung eines Themas weder das Rad neu erfinden noch alle unbeantworteten Fragen klären wollen. Genau genommen ist nicht das Thema ambitioniert, sondern derjenige, der es sich stellt oder sucht, verrät in der Formulierung des Themas zu viel Ehrgeiz. Wichtig ist es, realistisch einzuschätzen, welche Ziele mit einem Text erreichbar sind, und sich selbst wie den Text nicht zu überfordern.[9]

Hat man sein Thema anhand eines oder mehrerer der Kriterien zu überdenken, muss man es nicht gänzlich über Bord werfen: Es gilt, mögliche Eingrenzungen durchzuspielen.

3.1.1 Sich informieren

Eine wissenschaftliche Arbeit soll neue Erkenntnisse über einen Gegenstand erbringen oder diesen in ein neues Licht stellen. Der einem solchen Postulat zugrunde liegende Neuigkeitswert ergibt sich quasi automatisch, wenn derjenige, der schreibt, das Thema in eine eigene Ordnung bringt und aus einer eigenen Perspektive heraus Schlüsse zieht. Um eine eigene Perspektive zu entwickeln, ist es wichtig, sich über den Standort des zu behandelnden Problems in der Welt und in der Wissenschaft zu informieren.

Der Blick in ein Nachschlagewerk ermöglicht eine erste Orientierung.

Allgemeine Konversationslexika, z. B. der BROCKHAUS oder MEYERS ENZYKLOPÄDISCHES LEXIKON sowie andere mehrbändige Werke, geben kurze und präzise Information zu nahezu jedem Thema. Mit Hilfe der Querverweise lässt sich dieses eingrenzen und in einen größeren Kontext einordnen. Nehmen Sie sich Zeit zum Schmökern. Führen Sie, während Sie sich durch die Querverweise von Artikel zu Artikel leiten lassen, eine Leseliste, auf der Sie notieren, welche Stichwörter Sie gelesen haben. Versuchen Sie, diese thematisch auf dem Papier zu gruppieren und jeweils einige Schlagwörter zum Inhalt der Ihnen wichtig

---

8 Beispiel: Eine Arbeit über *Die Zeit nach dem Tod* wird von keinem Schreiber sachlich bearbeitet werden können, der einen konkreten Todesfall in seinem näheren Umfeld vor Augen hat.

9 Beispiel: *Lösung der Zeitprobleme des modernen Menschen;* besser wäre es hier, nach Ansätzen zur Lösung zu Zeitproblemen *im Bereich der* … zu suchen.

erscheinenden Artikel zu notieren. So strukturieren Sie Ihr Thema zum ersten Mal - es wird nicht das letzte Mal gewesen sein.

Für jedes Fachgebiet gibt es Fachwörterbücher.

Nachdem Sie auf Ihrer ersten Leseliste wichtige Stichwörter ermittelt haben, können Sie mit Hilfe der Fachlexika und Handbücher tiefer in das Thema eindringen. Nehmen Sie sich auch hier die Zeit, aufmerksam zu lesen, und führen Sie eine Leseliste. In der Regel werden am Ende der Artikel Literaturhinweise gegeben. Notieren Sie sich die hier genannten Titel. Je neuer ein Fachwörterbuch ist, desto aktueller werden die Literaturangaben sein.

Nutzen Sie auch den Stichwortkatalog der Bibliothek.

Buchtitel und -untertitel liefern Ihnen unter Umständen Anregungen, die die Themenfindung erheblich erleichtern. Notieren Sie sich einige Signaturen - auch der Blick in das Regal rechts und links vom Standort der im Katalog recherchierten Bücher kann manchmal neue Perspektiven eröffnen.

Auch aktuelle Zeitschriftenaufsätze können Ihnen Anregungen für die Themenformulierung geben.

Blättern Sie die Fachzeitschriften durch, überfliegen Sie die Aufsätze und Buchbesprechungen - sollten Sie hier fündig werden, sind Sie in der Regel auch mit weiteren Literaturhinweisen belohnt.

Hinweise auf im Buchhandel verfügbare Literatur finden Sie im VLB (= Verzeichnis lieferbarer Bücher), das nach Autoren und Schlagwörtern sortiert ist. Sie können im Buchhandel nachfragen oder sich selbst informieren - in den Universitätsbibliotheken sind allgemeine Nachschlagewerke dieser Art präsent. Hier wird man Ihnen auch behilflich sein, wenn Sie die Recherche über CD-ROMs oder das Internet nicht selbst beherrschen.

Wählen Sie für die Vorinformation neuere Bücher bzw. Aufsätze zu Ihrem Thema.

Sie können davon ausgehen, dass der aktuelle Stand der wissenschaftlichen Diskussion in die zuletzt erschienenen Werke eingegangen ist. Auf der Suche nach Ihrem Thema erhalten Sie genau hier ein realistisches Bild vom Forschungsbedarf. Vor allem Handbücher und Monographien bieten gut strukturierte Information - und in der Regel Literaturhinweise. Auch Einführungen und Lehrbücher können Ihnen helfen, selbst wenn Sie schon lange mit Ihrem Fach vertraut sind, verschiedene Perspektiven auf Ihr Thema wahrzunehmen und dadurch Ihren eigenen Ansatz deutlich zu bestimmen. Führen Sie auch jetzt vorerst noch Leselisten zur Dokumentation Ihres Erkenntnisweges: Sie sind auf der Suche nach einer Themenstellung bzw. nach einem Thema und einer Strategie zur Eingrenzung. Ausführliche Exzerpte sollten Sie erst dann anfertigen, wenn Sie in der Lage sind, unter Ihrer speziellen Fragestellung zu lesen, d. h. wenn Sie Ihr Thema formuliert und es mit Ihrem wissenschaftlichen Betreuer abgesprochen haben.

Lesen Sie unbefangen.

Suchen Sie keinesfalls verbissen nach einer Themenstellung. Sie werden vor allem dann, wenn Sie nicht händeringend suchen, Anknüpfungspunkte entdecken und Fragen finden, die in einer wissenschaftlichen Arbeit beantwortet werden könnten. Dadurch, dass Sie unvoreingenommen lesen, werden Sie anders wahrnehmen, mehr wahrnehmen.

Prüfen Sie bei der Entscheidung für ein Thema die Zugänglichkeit der Literatur.

Sollten die Bücher für das von Ihnen anvisierte Thema nur über Fernleihe oder durch Auslandsaufenthalte zugänglich sein, überprüfen Sie die Relation von Kosten und Nutzen – wählen Sie auch unter diesem pragmatischen Gesichtspunkt ein Thema, das Sie beherrschen können. Prüfen Sie außerdem, ob die zur Verfügung stehende Literatur lesbar ist. Es versteht sich von selbst, dass die Sprache in den Wissenschaften von der allgemeinverständlichen Umgangssprache verschieden ist (vgl. Kap. 5). Nehmen Sie sich Zeit, sich in den Duktus eines wissenschaftlichen Textes einzulesen, geben Sie nicht zu früh auf. Sollten Sie aber dennoch mit der Sprache einer Theorie oder der Theorie selbst nicht zurechtkommen, wenden Sie sich besser einem anderen Thema zu. Ein Thema, das Ihnen unsympathisch bleibt, kann Ihnen die Freude am wissenschaftlichen Arbeiten verderben.

Nachdem Sie sich über die Literatur zum Thema orientiert und einiges gelesen haben, werden Sie feststellen, dass Sie nicht alle Fassetten dieses Themas auf dem Ihnen zur Verfügung stehenden Raum einer begrenzten Hausarbeit darstellen können. Sie müssen wiederum eine Auswahl treffen und Ihr Thema weiter präzisieren.

3.1.2 Das Thema eingrenzen

Wenn Sie Ihr Thema im Visier haben, ist der nächste logische Schritt, es so einzugrenzen, dass Sie Ihr wissenschaftliches Anliegen von anderen angrenzenden abgrenzen können. Bearbeitungen globaler Themenstellungen bleiben oft oberflächlich, weil sie versuchen, ein zu großes Spektrum abzudecken. Wenn Sie Ihr Ziel benannt haben, ist es Ihnen möglich, in Ihrer Arbeit fundierte Aussagen zu machen und bereits beim Exzerpieren eine Vorauswahl zu treffen. Sie werden nicht in die Gefahr kommen, am Thema vorbeizuschreiben, und es ergibt sich von selbst, dass Sie mit Ihrer wissenschaftlichen Arbeit neue Erkenntnisse über einen streng definierten Gegenstand liefern.

Formulieren Sie Ihr Thema erst dann möglichst konkret, wenn Sie genauer wissen, wie Sie arbeiten (wollen).

Sie sollten klar formulieren, was Sie mit Ihrer Arbeit erreichen möchten und was nicht. Überschätzen Sie Ihre Möglichkeiten und Fähigkeiten nicht, aber unterfordern Sie sich auch nicht. Jedes Thema kann durch die Formulierung einer entsprechenden Fragestellung so präzisiert und eingegrenzt werden, dass es überschaubar wird.

Strategien für die Themeneingrenzung:

Um ein Thema bearbeitbar zu machen, können Sie:

- eine spezielle **Perspektive** einnehmen

Der Blickwinkel, aus dem man einen Sachverhalt betrachten will, erlaubt es, eine Themenstellung so zu präzisieren, dass bestimmte Aspekte für die Darstellung irrelevant sind und daher ausgegrenzt werden können.[10]

- einen begrenzten **Zeitraum** betrachten

Die Entwicklungen innerhalb eines bestimmten Zeitraumes können für eine punktuelle, aber differenzierte Darstellung eines Themas Anhaltspunkt sein. Die für eine zeitliche Eingrenzung angemessenen Daten gibt das Thema zumeist vor. Oft werden Einschnitte nach 20, 25, 50 oder 100 Jahren gemacht.[11]

- einen ausgewählten **Aspekt** untersuchen

Fokussiert man in der Darstellung des Themas auf einen Aspekt, ist dies eine weitere Form von Eingrenzung: Das Thema wird von diesem Aspekt aus oder auf diesen Aspekt hin entwickelt.[12]

- einen **Überblick** geben

Entschließt man sich, zu einem Thema einen Überblick zu geben, bedeutet dies eine Eingrenzung in Bezug auf die Tiefe der Behandlung einzelner Aspekte. Da ein Überblick die wesentlichen Aspekte abdecken muss, können diese nicht in allen Details behandelt werden.[13]

- eine begrenzte Anzahl von **Theorien oder Positionen** vergleichen

Der Vergleich von zwei oder drei Theorien oder Positionen geschieht auf der Grundlage von Ähnlichkeiten und Unterschieden in Bezug auf eine vom Thema bestimmte Anzahl von Kategorien.[14]

10 Beispiel: *Zeitmanagement – Ein Ergebnis der modernen Gesellschaft?*

11 Beispiel: *Kalendersysteme der Antike* oder *Kalendersysteme zwischen 1850 und 1950.*

12 Beispiel: *Philosophische Theorien über die Zeit.*

13 Beispiel: *Zeitwörter in indoeuropäischen Sprachen.*

14 Beispiel: *Die Tempustheorien von Glinz und Weinrich: ein Vergleich.*

- von einem **konkreten Fall** ausgehen

Die Behandlung eines Themas entlang der Besonderheiten eines konkreten Beispiels bestimmt Anzahl und Stellenwert der zu behandelnden Aspekte. Weitere wichtige Elemente, die zum Thema gezählt werden müssen, jedoch im gegebenen Fall nicht aufgezeigt werden können, sind ergänzend zu erörtern.[15] Diese Eingrenzungsstrategien können – je nach Thema – auch miteinander kombiniert werden.[16]

3.2 Das Material beschaffen

Sprechen Sie, bevor Sie sich mit Hilfe Ihres in Frageform formulierten Erkenntnisinteresses in eine Fragestellung einarbeiten, in jedem Falle Thema und Themenstellung mit Ihrem Betreuer ab. Vor allem für Ihre Abschlussarbeit ist es hilfreich, wenn der Dozent Sie und Ihre Arbeitsweise bereits kennt. Er wird Sie im Hinblick auf lesenswerte Bücher, aber auch bezüglich der Themeneinschränkung umso besser beraten können, je besser er Sie einschätzen kann. Wenn Sie Ihr Thema gefunden und es im Gespräch mit Ihrem Berater fokussiert haben, sollten Sie nicht nur die Themenstellung ausformulieren. Sie sollten (auch während der anschließenden Lesephase immer wieder) Ihre Ziele und Kenntnisse schriftlich festhalten. Ein Exposee (vgl. Kap. 2.10), das Sie schreiben, bevor Sie beginnen, Literatur auszuwerten, dient als roter Faden Ihrer weiteren wissenschaftlichen Arbeit. Wichtig ist es, diese erste Sicht des Themas während des Arbeitens zu überprüfen und sie ggf. zu revidieren – es handelt sich keinesfalls um einen Wortbruch, wenn die ausführliche Lektüre zu anderen als den angepeilten Ergebnissen führt. Im Gegenteil, es wäre fatal, einem Plan zu folgen, der sich als nachteilig oder gar unrealisierbar erweist.

3.2.1 Recherchieren

Da Sie nun ein Thema haben, geht es darum, den Inhalt Ihrer Hausarbeit zu erarbeiten. Der Katalog der Universitätsbibliothek ist umfangreich, aber nicht alle hier verzeichneten Bücher sind für Sie relevant. Das Finden von Informationen erfordert Vorüberlegungen. Ohne Suchstrategie lässt sich heute viel zu viel und viel zu wenig Gutes finden.

15 Beispiel: *Der moderne Mensch und die Zeit – dargestellt am Beispiel der öffentlichen Diskussion um das Jahr 2000.*

16 Beispiel: *Ein Vergleich der Tempustheorien von* GLINZ *und* WEINRICH *am Beispiel der Funktionen der Vergangenheitstempora des Deutschen.*

Um auf das zu treffen, was Sie konkret brauchen, sollten Sie Ihre Suche nach und nach spezialisieren.

Sie sollten sich Schritt für Schritt vorantasten. Der ideale Rechercheweg verläuft über standardisierte Textsorten, die es erlauben, vom Allgemeinen zum Speziellen und zugleich vom Einfachen zum Komplexen voranzuschreiten. Der erste Schritt sollte nicht die Eingabe eines einzelnen Titelstichworts in den Bibliothekskatalog oder eine Internet-Datenbank sein. Dennoch sollten Sie Datenbanken nutzen. Nutzen Sie dabei besonders Internetdienste wie z. B. die Digitale Bibliothek NRW (unter www.digibib-nrw.de).

Wenn Sie in solchen elektronischen Datenbanken recherchieren, können Sie sich verschiedener Suchroutinen bedienen und diese, wenn Sie wollen, auch miteinander verknüpfen.

Gehen Sie beim Recherchieren in Datenbanken systematisch vor.

Ein einfaches Beispiel: Bei einer elektronischen Datenbank können Sie den Katalog nach Autorennamen, vollständigen Buchtiteln, Titelstichworten oder Schlagwörtern absuchen, unter denen die Texte einer Datenbank thematisch gruppiert sind. Sie können sich aber auch, was z. B. mit einem Microfiche-Gerät nur in zwei aufeinander folgenden Arbeitsschritten möglich ist, alle Titel eines bestimmten Autors zu einem bestimmten Thema auflisten lassen. Solche Verknüpfungen bringen jedoch nur Erfolg, wenn die Suchroutinen sinnvoll programmiert wurden. Deshalb:

Gehen Sie mit Schlagwörtern und Stichwörtern vorsichtig um.

Wenn Sie beispielsweise einen Begriff im Singular suchen lassen, verschweigt der Computer alle Einträge, die er zu demselben Begriff im Plural hat. Die Zuordnung von Schlagwort und Titel ist häufig eine zweite Fehlerquelle. Legen Sie sich unbedingt mehr als ein Schlagwort zurecht – zur Orientierung können Sie mit einem Ihnen bekannten Artikel zu Ihrem Thema eine Palette von Schlagwörtern, unter denen dieser geführt wird, abrufen. Sie sehen, der Umgang mit computergestützten Datenbanken erfordert viel Übung. Lassen Sie sich unbedingt von einem Kenner einweisen, sowohl in das Programm als solches als auch in die Tricks und Kniffe bei seiner Bedienung. Ein Problem haben nach einer Computerrecherche besonders die Neulinge: Was soll man bloß mit den Unmengen an Titeln anfangen, die der Computer ausgedruckt hat? Weder im Katalog noch im Computer steht, welcher Titel für Sie lesenswert ist.

Nutzen Sie auch das Internet.

Das Internet bietet verschiedene Anwendungsmöglichkeiten: Recherche, Gewinnung, Verbreitung und Austausch von Informationen. Sie können unmittelbar in Datenbanken und Bibliotheksbeständen weltweit Literatur und Quellen suchen, unter Umständen finden Sie dabei auch originäre Dokumente und Texte, die für Ihre Arbeit von Interesse sein können. Drucken Sie Internet-Dokumente aus. So steht Ihnen ein Dokument auch dann noch zur Verfügung, wenn es aus dem Netz genommen wurde. Stellen Sie dabei die Druck-Optionen so ein, dass Ihnen die www-Adresse mit ausgedruckt wird.

Sie können aber auch eigene Dokumente und Texte im Netz veröffentlichen, sich in Diskussionsforen direkt an Experten wenden oder sich mit Fachkollegen austauschen (Mailing Lists, Newsgruppen, nicht öffentliche Foren).

Regelmäßig aktualisierte Erklärungen finden Sie auf den Homepages der Universitätsbibliotheken.

So gut wie jede Recherche ist über Stichworte oder themengebunden möglich. Wenn Sie (scheinbar) geeignete Literatur oder sonstiges Material gefunden haben, können Sie sich den Fundort ausweisen oder sich das Gewünschte gleich elektronisch zusenden lassen.

Mehr noch als bei den klassischen Recherchetechniken erhöht sich damit aber auch die Menge an Informationen, die es zu verarbeiten gilt. Man findet nicht nur schneller mehr Bücher und Aufsätze zu einem Thema, sondern auch noch zusätzliche Informationen, die erst durch den auf elektronischem Weg geführten Dialog erzeugt worden sind: Internetdokumente, die z. B. auch eigene Zitiertechniken verlangen. Aber Vorsicht: Anders als etwa bei den Printmedien gibt es im Internet keine Qualitätskontrolle, etwa indem Beiträge vor ihrer Veröffentlichung von Experten gelesen und beurteilt werden – ausgenommen elektronische Magazine und Journale, die über das Internet abonniert werden können und durch die Herausgeber vorab geprüft werden.

Nutzen Sie bei der Internetrecherche Suchstrategien.

Machen Sie sich mit der Funktionsweise verschiedener Suchmaschinen vertraut. Auch und gerade bei den elektronischen Informationsformen besteht die Aufgabe darin, die Informationen qualitativ zu bewerten, auszuwählen und in einen sinnvollen Zusammenhang zu bringen. Fördern kann man diesen Vorgang durch eine möglichst gezielte Informationsrecherche, die auch auf folgenden Suchstrategien – die man übrigens auch bei herkömmlichen Datenbanken anwendet – basieren kann:

a) Die **Pattern-Methode** geht von einem (bekannten) Dateinamen oder einem Schlagwort aus und versucht, über Netz-Suchdienste auf das Datennetz zuzugreifen. Die Nachweise (Treffer) werden umso zahlreicher sein, je allgemeiner das Suchwort gewählt wird.
b) Die **semantische Methode** verknüpft Nachfragen. Die Recherche wird umso erfolgreicher, je besser es gelingt, mit Zahlen und/oder Begriffen inhaltliche Zusammenhänge herzustellen.

Ordnen Sie Texte auf Grund ihrer Textsorte ein.

Das Spektrum der Textsorten reicht vom allgemeinen Lexikonartikel bis zum Aufsatz in einer Fachzeitschrift. Jede Textsorte hat dabei ihr eigenes Profil. Es gibt Unterschiede

- im Informationsangebot (allgemeine, überblicksartige Darstellung; einführende, erklärende Darstellung oder spezialisierte, detaillierte Darstellung),
- im Textumfang (Lexikonartikel, Aufsatz oder Monographie),
- im Grad der Verständlichkeit (anschaulich oder abstrakt; leicht lesbar oder kompliziert geschrieben),
- im Grad der Vernetzung mit weiterführender Literatur (keine Verweise, Literaturliste am Ende, Verweise aus dem Text) und auch
- in der unmittelbaren Verwertbarkeit (z. B. der Zitierfähigkeit).

Erstellen Sie eine Arbeitsbibliographie.

Die Sichtung von Literaturverzeichnissen und Fußnoten der von Ihnen gelesenen Handbuch- und Zeitschriftenartikel, Monographien und Herausgeberschriften liefert Ihnen im Schneeballsystem Literaturhinweise. Arbeiten Sie von hinten nach vorne, d. h. prüfen Sie die zuletzt erschienenen Titel zuerst. So gewinnen Sie am schnellsten einen Eindruck vom Stand der Wissenschaft. Außerdem werden Sie auf diese Weise feststellen, welche (vielzitierten) Werke zum Standard gehören. Schreiben Sie sich die Literaturangaben auf, die Ihnen für Ihr Thema, dessen Grenzen Sie ja kennen, relevant erscheinen. So erstellen Sie sukzessive eine Arbeitsbibliographie, die Sie nach und nach abarbeiten können. Dazu müssen Sie sich die Bücher beschaffen und sie auf ihre Relevanz prüfen, d. h. herausfinden, ob sie für Ihr Thema so wichtig sind, wie der Titel es versprach. Der erste Weg sollte Sie in die Universitäts- und/oder Stadtbibliothek führen. Doch auch jetzt sollten Sie noch nicht alles lesen: Ein Blick ins Inhaltsverzeichnis und ein kursorisches Überfliegen des Sachregisters sowie des Literaturverzeichnisses wird Ihnen Aufschluss über die Wichtigkeit des vorliegenden Werkes geben.

Die Arbeitsbibliographie

In **Bibliographien für die Literatursuche** stellt man diejenigen Quellen zusammen, die für das Schreiben einer wissenschaftlichen Arbeit zur Hilfe herangezogen werden sollen – solche Bibliographien unterstützen also die Recherche wissenschaftlicher Literatur. Sie werden deshalb Arbeitsbibliographie genannt, weil sie prinzipiell nicht abgeschlossen sind. Je nach Arbeitsphase und Recherchestand werden der Arbeitsbibliographie weitere zu bearbeitende Quellen zugefügt.

Die für die **bibliographische Angabe** wesentlichen Daten können Sie dem inneren Titelblatt, der Titelei, und dem Impressum entnehmen. Was auf dem Schutzumschlag oder dem Einband steht, ist irrelevant und möglicherweise (aus Werbezwecken) verkürzt oder verändert. Der Titel steht auf der ersten Seite oben, Erscheinungsort und Erscheinungsjahr unten – bei älteren Büchern finden sich Ort und Jahr ggf. auch am Buchende. Das Ordnungskriterium der aufgeführten Komponenten einer bibliographischen Angabe (vgl. Kap. 4.4) kann variieren (im Gegensatz zum Literaturverzeichnis!): Je nach Erkenntnisinteresse lassen sich die Literaturangaben in der Arbeitsbibliographie z.B. nach Erscheinungsjahr, Signatur oder Zeitschriftentitel oder aber alphabetisch nach Autoren-Nachnamen ordnen. Es empfiehlt sich, **zwei Arbeitsbibliographien** anzulegen und diese regelmäßig zu aktualisieren. Arbeiten Sie mit je einer Auflistung

- der Quellen, die bereits gelesen bzw. bearbeitet wurden, sowie
- der Quellen, die noch zu recherchieren und zu bearbeiten sind.

Da Sie inzwischen gut über Ihr Thema vorinformiert sind, kennen Sie zugleich die Kriterien für die Brauchbarkeit eines Buches – Sie dürfen sich nicht nur auf Ihre Intuition verlassen. Dennoch sollten Sie Ihre Spontaneität nicht gänzlich ausblenden. Wissenschaftliches Arbeiten ist auch ein kreativer Prozess: Nicht selten bringen auch Bücher, die man nicht für die wissenschaftliche Arbeit liest, oder Fernsehsendungen oder die Äußerung eines Mitmenschen neue Aspekte, die sich auf das Thema übertragen lassen. Suchen Sie auch nach solchen Anknüpfungspunkten.

3.2.2 Bibliographieren

Bibliographieren bedeutet, die Buchtitel finden und auflisten, die für die Bearbeitung eines Themas wichtig sind. Ihre Bibliographie muss weder mit dem endgültigen Literaturverzeichnis Ihrer Arbeit noch mit der Bibliographie eines anderen zu demselben Thema übereinstimmen, dennoch sollten Sie bibliographische Angaben sorgfältig und nach einem immer gleichen System abfassen, um sich später unnötige Such- oder Rekonstruktionsarbeit zu ersparen.

Notieren Sie Literaturhinweise so, dass Sie die Bücher finden können.

Dabei sollten Sie bedenken, dass der deutlich geschriebene Name zusammen mit dem ausgeschriebenen Vornamen die Recherche entscheidend erleichtert. Zu einer provisorischen Arbeitsbibliographie gehören ein Kurztitel oder ein Titelstichwort und das Erscheinungsjahr (es gibt Aufschluss über den Zeitpunkt, zu dem Sie ein Buch lesen sollten), um ein

Werk in der Universitätsbibliothek oder im Buchhandelsverzeichnis aufzuspüren. Vollständige bibliographische Angaben müssen und sollten Sie nur von den tatsächlich gelesenen und für das Thema relevanten Texten anfertigen. So haben Sie den Überblick über das Verhältnis Ihrer Leseabsichten zu den tatsächlichen Leseleistungen und sammeln keinen unnötigen Ballast an.

Sollte sich bei der Ansicht eines beim Lesen entdeckten und mit Hilfe der Arbeitsbibliographie aufgefundenen Werkes herausstellen, dass es für die Arbeit von Nutzen ist, so nehmen Sie es sofort in das Literaturverzeichnis auf. Es ist arbeitstechnisch sehr praktisch, während des Lesens und Exzerpierens die Literaturliste sukzessive zu ergänzen - der Sortieralgorithmus Ihres Computerprogramms bringt die so erstellte ungeordnete Liste in kürzester Zeit in die alphabetische Reihenfolge. Sollten Sie keinen PC zur Verfügung haben, notieren Sie die Literaturangaben einzeln auf Karteikarten; diese können Sie dann im Karteikasten sortieren.

Bibliographieren heißt auch, das Rechercheergebnis im Anschluss an eine erste Begutachtung ordnen.

Sie müssen sich beizeiten von Unbrauchbarem trennen. Doch wie soll man die verfügbare Literatur zu einem bestimmten Themenbereich zusammentragen? Keine Angst - schon vor Ihnen wurde gearbeitet und dokumentiert; Sie können sich an den Ergebnissen anderer orientieren. Bereits der Katalog der Universitätsbibliothek ist eine Bibliographie: Hier sind die vorhandenen Werke mit ausgewählten Angaben verzeichnet. Auf der Basis z.B. dieser existierenden Bibliographie können Sie Ihre eigene erstellen.

3.3 Das Material bearbeiten

Lesen - eine der wichtigsten Fertigkeiten für das wissenschaftliche Arbeiten - kann den Erkenntnisprozess beschleunigen, aber auch hemmen. „Wie soll ich das alles lesen?“, ist ein sicherlich alltäglicher Stoßseufzer angesichts eines Berges von recherchierter Literatur und ebenso eine berechtigte Frage nach einer angemessenen Herangehensweise, denn Lesen muss nicht gleich Lesen sein: Unterschiedliche Lesestrategien werden verschiedenen Leseabsichten und -zielen gerecht. Schreiben Sie in der Anfangsphase nicht zu viel auf oder an den Rand.

Da Sie Ihr Thema eingegrenzt haben, können Sie selektiv lesen, d. h. nur das lesen, was im Zusammenhang mit Ihrem Arbeitsziel steht. Wenn Sie allerdings ausschließlich kursorisch und bruchstückhaft lesen, droht die Gefahr, dass Sie Teile nicht als Bestandteile eines Ganzen wahrnehmen und dadurch anders einordnen. Auch beim kursorischen Lesen ist es wichtig, der Argumentation zu folgen, nachdem Sie sich einen Überblick verschafft haben. Daher sollten Sie Ihre Leseergebnisse unbedingt schriftlich in Form von Exzerpten (vgl. Kap. 2.6) festhalten.

3.3.1 Lesen

Wissenschaftliches Lesen unterscheidet sich vom Lesen zur Unterhaltung nicht nur in der Leseabsicht, sondern auch hinsichtlich der Vorgehensweise. Während das Lesen eines Romans ohne Vorbereitung und in der Regel unkontrolliert stattfindet, sind für das wissenschaftliche Lesen die geeignete Auswahl und der Wunsch nach Effektivität konstitutive Elemente. Während ein Roman in der Regel einfach nur gelesen wird, sollte man für das wissenschaftliche Arbeiten typische Strategien nutzen.

Lesestrategien

Grob lassen sich drei Formen des Lesens unterscheiden, die jeweils verschiedenen Absichten und Arbeitshaltungen entsprechen. Diese Lesestrategien finden in den verschiedenen Phasen des Arbeitsprozesses Anwendung:

- das **kursorische Lesen** (Querlesen), Überfliegen, das in der Vorbereitungsphase dazu dient, einen Überblick zu gewinnen, und während des Schreibprozesses zur Vergewisserung, Einordnung und Absicherung angewendet wird;
- das **vergleichende Lesen** (studierendes Lesen) macht in der Hauptarbeitsphase Sinn; diese Form des Lesens ist in der Hauptsache an Zusammenhängen und am Argumentationsgang interessiert, sowie
- das **selektive Lesen**, das Lesen dem Thema entsprechend ausgewählter Kapitel/Abschnitte, das die anderen beiden Techniken ergänzt, indem man versucht, schnell nur bestimmte Informationen zu finden.

Das Grundproblem wissenschaftlichen Lesens, das sich auch mit Lesestrategien nicht lösen lässt, besteht darin, dass man liest, um einen Zusammenhang zu erschließen, um Wissen zu erwerben, um zu verstehen, dass man zugleich aber jeden Text auf der Grundlage des erworbenen, sich stets differenzierenden Wissens besser verstehen kann. Versuchen Sie also, Ihre Leseleistungen festzuhalten, und lesen Sie ggf. zentrale Texte mehrmals, in verschiedenen Phasen des Arbeitsprozesses. Für die Planung der weiteren Lesefolge (des studierenden Lesens) empfiehlt sich folgendes Vorgehen:

Lesen Sie zunächst überblicksmäßig, aber nicht zu selektiv.

Beginnen Sie mit einführenden Texten. Sie sollten nicht jedes Buch von vorne bis hinten durchlesen. Ein Blick in das Inhaltsverzeichnis, das Sach- und Namensverzeichnis und in die Einleitung gibt Aufschluss über die Relevanz des Werkes für die eigene wissenschaftliche Arbeit.

Kursorisches Lesen der Kapitel oder Seiten, die auf den ersten Blick von Interesse scheinen, dient der Auswahl der für das Thema bedeutsamen Abschnitte.[17]

Lesen Sie neuere Texte vor älteren.

Neue Texte zeigen einen neueren Stand der Forschung auf. Sie können so im Rückblick über ältere Texte Informationen sammeln, die Ihnen ein Urteil über diese Texte erleichtern.

Beachten Sie die Textsorte des zu lesenden Textes und stellen Sie Fragen an den Text.

Fragen an den Text sollten mit der Fragestellung Ihrer Arbeit zusammenhängen. Sie müssen sich klarmachen, warum Sie den jeweiligen Text lesen, um zu vermeiden, beim Lesen abzuschweifen, indem Sie für Ihr Thema unwesentliche Informationen sammeln.

Machen Sie sich Gliederung und Argumentationsstruktur des Textes klar.

Die Argumentationsstruktur eines Textes sollte in der Einleitung und der Zusammenfassung deutlich gemacht werden. Lesen Sie also zu Anfang auch das Ende des Textes, so dass Sie von vornherein über Zusammenhänge und Ergebnisse informiert sind. So fällt es Ihnen leichter, den Überblick zu behalten und sich auf das für Ihre Fragestellung Wesentliche zu konzentrieren.

Achten Sie auf die Funktion der Typographie und den Inhalt von Anmerkungen.

Hervorhebungen, Überschriften sowie Schriftgrößen und -typen sollten in Texten eindeutige Funktionen haben, an denen Sie sich orientieren können. Anmerkungen können in Form von Fußnoten oder als dem Text angefügtes Anmerkungsverzeichnis erscheinen. Stehen sie in Fußnoten, muss der Leser für ihre Lektüre zwar nicht blättern, aber dennoch den Lesefluss unterbrechen. Wenn Sie vor dem Lesen prüfen, welche Art der Information Sie in den Anmerkungen erwartet (nur Quellenbelege, nur Text oder beides), können Sie sich eventuell den Blick in die Anmerkungen während des Lesens sparen und dadurch konzentrierter lesen.

---

17 Selbstverständlich sollten Sie nicht alle Bücher quer lesen – ein solches Vorgehen würde die Einordnung Ihrer Ergebnisse in den Forschungskontext unmöglich machen. Dennoch spart das Verfahren viel Zeit, die dann dem Lesen der lesenswerten Bücher zugerechnet werden kann (für ausführlichere Hinweise zu Lesetechniken vgl. STARY, JOACHIM/KRETSCHMER, HORST 1994: Umgang mit wissenschaftlicher Literatur. Frankfurt/Main: Cornelsen Verlag Scriptor).

Lesen Sie arbeitsintensive Texte nur dann, wenn sie mit Sicherheit zu Ihrem Thema passen.

Welche Texte arbeitsintensiv sind, ist personenabhängig: Fremdsprachige Texte, dicht oder kompliziert geschriebene Texte, ältere Texte können für den Einzelnen mit zusätzlicher Lesearbeit verbunden sein.

Markieren Sie beim Lesen genau die Textstellen, die Ihnen prägnant formuliert erscheinen und die Sie später als wörtliche Zitate nutzen wollen. Dass in geliehenen Büchern solche Markierungen, nachdem die entsprechenden Zitate wörtlich exzerpiert worden sind, wieder entfernt werden, ist ein ungeschriebenes Gesetz – dessen Missachtung Sie beim Lesen einiger mehrfach ausgeliehener Bücher sicherlich geärgert, wenn nicht sogar an einer kreativen Lektüre gehindert haben dürfte. Wer außerdem zu viel markiert hat, hätte sich die Mühe sparen können: Ein Wust von Unterstreichungen lenkt den Blick ebenso wenig wie nicht vorgenommene Markierungen.

Machen Sie sich beim Lesen die Gliederung des Textes klar.

Wie viele Argumente werden in welcher Anordnung angeführt? Versuchen Sie, am Textrand – oder bei einem geliehenen Buch auf einem Zettel – mit Zahlen und/oder Buchstaben den schematischen Aufbau des Textes zu skizzieren (vgl. Kap. 6.3). Ein solches Vorgehen wird Ihnen helfen, die Gesamtaussage im Auge zu behalten und den Stellenwert der Passagen zu bestimmen, die Sie exzerpieren wollen.

Prüfen Sie den Text auf seine Terminologie.

Versuchen Sie, Fachwörter im Kontext zu entschlüsseln – schlagen Sie nicht sofort alles nach, was Sie nicht auf Anhieb verstehen. Achten Sie darauf, ob Termini so verwendet werden, wie Sie es gewohnt sind. Wenn nicht, machen Sie sich die Bedeutung der Begriffe und die Abweichungen von Ihrem Verständnis klar. Dass in einigen Wissenschaften der terminologische Apparat Ihre eigene Sprache verändert, darf Sie nicht davon abhalten, ihn zu verwenden. Wissenschaftlichkeit und wissenschaftliche Präzision erfordern, dass Sie ökonomisch formulieren – und dabei die Fachsprache gebrauchen (vgl. Kap. 5.2).

3.3.2 Exzerpieren

Sie werden viel zu lesen haben – eine schöne Aufgabe, wenn Sie Ihr Gedächtnis nicht überlasten. Sie können nicht alles bis zu dem Tag behalten, an dem Sie beschließen, mit der Verschriftlichung Ihrer Arbeit zu beginnen. Deshalb ist das Anfertigen von Exzerpten eine Grundform wissenschaftlichen Arbeitens: Für jedes gelesene Buch oder aber auch für jeden Themenbereich werden eine oder mehrere Karteikarten, DIN-A4-Blätter oder Dateien angelegt mit den bibliographischen Angaben, einer Inhaltsübersicht in Schlagwörtern und Ihnen wichtig erscheinenden wörtlichen Zitaten oder Argumentationsketten sowie den eigenen Gedanken, die Ihnen beim Lesen des Textes kamen (vgl. Kap. 2.6).

Fangen Sie nicht zu früh an, detailliert herauszuschreiben.

Exzerpieren Sie nicht beim ersten Lesen, sondern nach dem zweiten Lesen: im Anschluss an eine kursorische Lesephase, in der Sie sich den Überblick verschafft haben. Ihr Exzerpt sollte eine echte Hilfe, ein Text vor Ihrem Text sein, auf den Sie beim Formulieren mit Gewinn zurückgreifen können. Daher müssen Sie Ihr Thema genau formuliert haben und die Fragestellung kennen, um sich Ihre Leseabsicht klarzumachen.

Exzerpieren Sie den Inhalt oder die Argumentation eines Abschnitts oder Kapitels bei geschlossenem Buch.

Wenn Sie so vorgehen, also erst dann exzerpieren, wenn Sie einen größeren Sinnabschnitt erfasst und dessen Versprachlichung nicht vor Augen haben, ist die Wahrscheinlichkeit gering, dass Sie zu nah am Text formulieren. Darüber hinaus ist es Ihnen mit größerer Sicherheit möglich, die referierte Position in ihrem Verhältnis zum Gesamtkontext darzustellen – die Gefahr der Verfälschung ist minimiert.

Versuchen Sie, in Ihren Exzerpten so weit wie möglich eigene Worte zu verwenden.

Es fällt erfahrungsgemäß leichter, Gedankengänge und Argumentationen sinngemäß zu zitieren, wenn Sie im Anschluss an ein gelesenes Kapitel exzerpieren. Erstens ist dann die Gefahr geringer, das Gelesene misszuverstehen, und zweitens arbeiten Sie so auf Ihren eigenen Text hin.

Kennzeichnen Sie wörtliche Zitate mit Anführungszeichen.

Prüfen Sie Zitate, unmittelbar nachdem Sie sie geschrieben haben, gründlich in Bezug auf Wortlaut und Zeichensetzung. Notieren Sie mit dem Zitat die Quelle und die Seite – so entfällt ein nachträgliches, aufwendiges Suchen nach einem wichtigen Textstück.

Trennen Sie deutlich zwischen exzerpiertem und eigenem Text.

Wenn Sie in Ihren Exzerpten über ein bloßes Leseprotokoll hinausgehen, indem Sie eigene weiterführende, ergänzende oder abweichende Gedanken mitnotieren, sollten Sie sich hierfür ein Symbol, eine besondere Farbe des Schreibstiftes, eine andersfarbige Karteikarte oder eine Formatierung reservieren. Wenn Sie deutlich zwischen der eigenen Auffassung und der anderer trennen, fällt Ihnen beim Schreiben Ihrer Arbeit die Argumentation leichter.

Ihre Exzerpte sollen Ihnen helfen, Ihre Arbeit zu schreiben.

Achten Sie darauf, dass Sie beim Exzerpieren den Sinn des Gelesenen nicht verfälschen – wählen Sie für eigene, weiterführende oder konträre Ideen eine eindeutige Markierung. Selbstverständlich sollten Sie auch diese Gedanken während des Lesens (oder wann immer Sie Ihnen kommen) notieren, doch soll ein Exzerpt immer zuerst das Gelesene protokollieren, d. h. im engeren Sinne nicht darüber hinausreichen oder abweichen.

Exzerpieren Sie möglichst in ganzen Sätzen.

Wenn Sie nur Stichwörter auflisten, gehen Zusammenhänge und Ordnungen verloren. Wenn die Exzerpte bis zu ihrer Verarbeitung lange auf dem Schreibtisch ruhen, kann es sein, dass Sie zu ihrer angemessenen Einarbeitung die Quelle zur Hand nehmen müssen und dann doch wieder am Text kleben. Wer sich nicht mehr die Mühe macht, seine Stichworte mit dem Original abzugleichen, läuft Gefahr, den Sinn der Stichworte zu verfälschen. Schreiben Sie also ganze Sätze – sie müssen nicht druckreif sein, denn sie bilden die Grundlage Ihrer späteren Formulierungsarbeit. Wer lieber mit Stichwörtern arbeitet, sollte sich zwingen, wenigstens die tragenden Argumentationsstränge auszuformulieren.

Berücksichtigen Sie die Aussageabsicht des Autors.

Fassen Sie die Hauptaussagen und die Argumentation des ganzen Textes knapp zusammen. Lesen Sie ggf. relevante Textstellen nach, um bei relevanten Kapiteln ins Detail zu gehen. Sollten Sie Verweise exzerpiert haben, vermerken Sie dies deutlich. Sie sollten immer versuchen, die jeweiligen Originale hinzuzuziehen und die von Ihnen übernommene Interpretation überprüfen.

Sollten Sie nur spezielle Abschnitte, Kapitel oder Aufsätze eines Bandes gelesen haben, vermerken Sie dies in Ihrer Lektüreliste bzw. auf dem Exzerpt.

Sollte sich im Prozess der wissenschaftlichen Erkenntnis herausstellen, dass Argumente oder wichtige Standpunkte zu ergänzen sind, hilft Ihnen der aufrichtige Vermerk, Ihr eigenes wissenschaftliches Arbeiten nachzuvollziehen und zu vervollständigen. In vielen Fällen wird es nötig sein, mehr zu lesen als nur die speziellen Abschnitte oder Kapitel, die auf Ihr Thema eingehen. Mit Hilfe eines Exzerptes können Sie dies leicht nachholen.

Kapitel 4:

Richtig zitieren: warum, wann und wie

Wissenschaftliches Arbeiten zeichnet sich durch Präzision aus, d. h., sowohl bei der ausdrücklichen Kenntnisnahme und Darstellung der Forschungslage als auch bei der aufrichtigen Unterscheidung zwischen der eigenen Argumentation und zitiertem Gedankengut muss so exakt wie möglich vorgegangen werden. Sie werden die Situation vielleicht kennen: Wochenlang haben Sie sich in ein Thema eingelesen, exzerpiert, Stichworte mitgeschrieben. Dann werden Sie durch widrige Umstände daran gehindert, Ihren Text auszuformulieren. Nach einer geraumen Zeit wollen Sie dies nun tun – und wissen die Einzelteilchen nicht mehr in einen Zusammenhang zu bringen. Das Kriterium der Nachvollziehbarkeit (Überprüfbarkeit) stellt die Weiterverwertbarkeit von Texten sicher – auch für den Verfasser selbst. So gesehen ist Wissenschaftlichkeit kein Korsett, in das Sie Ihre Kreativität zwängen müssen, sondern eine Garantie für fundierte, nützliche Arbeit: weniger Last als Stütze.

Verweise auf Autoren und ihre Titel müssen klar und einheitlich sein. Wie Sie dies machen können, wird Ihnen in diesem Kapitel gezeigt, indem Formen und Funktionen des Zitierens demonstriert und erläutert werden.

Indem Sie Ihr Thema wählen, kennen lernen, begrenzen, bearbeiten, aus Ihrer Perspektive und – wo dienlich – der anderer beleuchten, Ihre Position entwickeln, begründen und mit denen anderer vergleichen, zitierte Gedanken und Quellen belegen, arbeiten Sie wissenschaftlich. Ihre auf dieser Grundlage verfasste Arbeit ist damit ein Teil der Wissenschaft. Die allgemeinen Richtlinien wissenschaftlichen Schreibens werden immer dann erfüllt, wenn planvoll, folgerichtig und präzise vorgegangen wird, unabhängig davon, um welche Art von wissenschaftlicher Arbeit es sich handelt. Wissenschaftliche Texte sind immer auch durch die Person des Schreibenden, die durch ihn getroffene Auswahl und die Anordnung des Stoffes geprägt und dadurch augenblicklich individuelle Texte. In jedem Fall sind es Ihre Gedanken, Kommentare, Gegenüberstellungen, die Ihren Text auch in der Montage fremder Quellen zu einem neuen machen. Denn als neu gelten Entdeckungen, die bisher noch nicht gemacht worden sind, aber auch Beschreibungen, die einen Gegenstand aus einer eigenen Perspektive darstellen – Erkenntnisse, die in irgendeiner Weise über das vorher Gesagte hinausgreifen. Dass Sie Ihre Perspektive, Ihre Position und Ihre Argumentation nicht aus der Luft gegriffen haben, zeigt das Literaturverzeichnis, in dem Sie genau die Werke angeben, die Sie im Hinblick auf Ihr Thema gelesen und verarbeitet haben. Sie verorten damit zugleich Ihre Arbeit innerhalb der Forschung. Präzise Quellenangaben und

Zitate belegen also nicht, dass Sie wenig kreativ gewesen sind, sondern zeugen von Belesenheit, die die Basis jedes wissenschaftlichen Arbeitens ist. Im Übrigen bedarf Kreativität in den Wissenschaften nicht allein der Phantasie, sondern vor allem des Stoffes, der in neuer Weise dargestellt wird. „Wir stehen alle auf den Schultern von Riesen“, beschreibt der amerikanische Soziologe ROBERT K. MERTON dieses Phänomen.[18]

Ihre wissenschaftliche Arbeit wird dadurch für andere nützlich, dass Sie Ihre einzelnen Denkschritte nachvollziehbar machen.

Ihr Text ermöglicht anderen den Zugriff auf die in ihm formulierten Aussagen und kann seinerseits zitiert werden. Dazu muss er so geschrieben sein, dass es möglich ist, Aussagen und Hypothesen zu überprüfen. In wissenschaftlichen Texten wird zitiert, um kenntlich zu machen, dass eine sachliche Information, Position oder auch Meinung eines anderen im Wortlaut oder dem Sinne nach übernommen wird. Das ist besonders wichtig, wenn ein Begriff mit seiner Definition zitiert wird oder wenn Fakten wiedergegeben werden.

Im Folgenden werden Varianten des Umgangs mit Zitaten in Bezug auf die Schreibkonventionen demonstriert. Lassen Sie sich nicht dadurch verwirren, dass dabei in diesem Kapitel verschiedenste Formen der Kennzeichnung und des Belegs von Zitaten nebeneinander auftreten: Der Wissenschaftsbetrieb kennt zahllose Kennzeichnungsformen, mit oder ohne Fußnoten – die am häufigsten vorkommenden Techniken werden berücksichtigt. Die Quellen, auf die verwiesen wird, sind auf S. 87 im Kasten angegeben.

4.1 Formale Hinweise zum Zitieren

In wissenschaftlichen Texten wird zitiert, um ausdrücklich kenntlich zu machen, dass und wie die sachliche Information, Position oder auch Meinung eines anderen in die eigene wissenschaftliche Arbeit eingearbeitet wurde. Das ist besonders wichtig, wenn ein Begriff im Zusammenhang mit seiner Definition zitiert wird, wenn Argumente referiert werden oder wenn Faktenmaterial (z. B. Statistiken) wiedergegeben wird. Man unterscheidet **wörtliche** Zitate, die den Wortlaut des zitierten Textes übernehmen, von **sinngemäßen** Zitaten, die sich gedanklich anlehnen. Mit Hilfe von Zitaten und Literaturangaben machen Sie als Verfasser der Arbeit deutlich, wo Ihre geistigen Wurzeln sind, womit Sie nicht zuletzt auch ein

18 MERTON, ROBERT K. 1980: Auf den Schultern von Riesen: Ein Leitfaden durch das Labyrinth der Gelehrsamkeit. Frankfurt/Main: Syndikat.

bestimmtes Maß an Fachkenntnis dokumentieren. Für den Umgang mit im Wortlaut oder dem Sinne nach übernommenen Zitaten gelten folgende grundlegenden Regeln:

Wo auch immer Sie sich sinngemäß an einen fremden Text orientieren, müssen Sie dies kenntlich machen.

Ob wörtlich oder sinngemäß zitiert wird, grundsätzlich gilt: „jedesmal, wenn im Text auf sie zurückgegriffen wird, [ist eine benutzte Quelle] durch eine Literaturangabe zu belegen."[19] Wenn Sie Ihre Arbeit auf einen oder zwei Basistexten aufbauen, so reicht ein zu Anfang in einer Fußnote gegebener Hinweis darauf, auf welche Fremdtexte Sie sich im Folgenden stützen. Dadurch ersparen Sie sich die endlose Wiederholung der Quellenbelege.

Wenn Sie zitieren, zitieren Sie (möglichst) immer anhand des Originals.

Lesen Sie vor allem auch fremdsprachige Texte (möglichst) im Original. Wollen Sie ein Zitat zitieren, sollten Sie es im Original überprüft haben – nur hier können Sie den Kontext berücksichtigen. Sollte es nicht möglich sein, das Original zu beschaffen, geben Sie im Anschluss an den Quellenbeleg der Originalquelle zusätzlich die Quelle an, die Ihnen vorlag: Belegen Sie das Zitat, indem Sie auf die dort im Literaturverzeichnis angegebene Quelle verweisen und mit der Abkürzung *zit. n.* (= zitiert nach) den Beleg der Sekundärquelle ergänzen.

Ein Beispiel:

Originaltext (von SCHULZE 1999, der selbst MAIER 1998 zitiert): *Zitate finden sich in allen wissenschaftlichen Texten, „vom naturwissenschaftlichen Protokoll bis hin zum literaturwissenschaftlichen Essay"* (MAIER 1998, 34).

Zitat: *Zuletzt 1998 weist MAIER darauf hin, dass „vom naturwissenschaftlichen Protokoll bis hin zum literaturwissenschaftlichen Essay" prinzipiell jede wissenschaftliche Textsorte mit Zitaten arbeitet (MAIER 1998, 34; zit. n. SCHULZE 1999, 125).*

Zitate (ob Wort, Satz oder Abschnitt) werden belegt.

Am Ende jedes Zitats ist zu belegen, aus welcher Quelle es stammt; wird dies nachweislich unterlassen, handelt es sich um Diebstahl geistigen Eigentums:

> „Die für eine Arbeit benutzten Quellen sind nicht nur vollzählig im Literaturverzeichnis [...] aufzuführen, sondern jedesmal, wenn im Text auf sie zurückgegriffen wird, durch eine Literaturangabe zu belegen. Dies gilt um so mehr, wenn Quellen nicht im Wortlaut, sondern nur dem Sinne nach zitiert werden. Unterlassung einer Literaturangabe kann den Verdacht des Plagiats nach sich ziehen." (POENICKE 1989, S. 15)

19 POENICKE. Die schriftliche Arbeit, Seite 14 (Text in alter Rechtschreibung).

Damit ist zugleich ein grundsätzliches Problem angesprochen, das insbesondere denjenigen, der (zu) viel gelesen hat, beschäftigen wird: Wer sich gut in einen Themenbereich eingearbeitet hat, wird im Nachhinein für eigene Gedanken auch Belege in der Literatur finden und den Eindruck gewinnen, dass alle Gedanken bereits vorgedacht worden sind, also auch belegt werden müssten. Sollte daher grundsätzlich wörtlich zitiert werden? Sicherlich nicht, denn der Standpunkt des Verfassers, seine Sicht auf die Dinge, ist ein wesentlicher Bestandteil einer wissenschaftlichen Arbeit.

Wörtliche Zitate werden originalgetreu übernommen und eindeutig gekennzeichnet.

Zitate sind exakt, d. h., man sollte exakt mit ihnen umgehen. Setzen Sie wörtliche Zitate in Anführungszeichen, dies ist die eindeutigste Form der Kennzeichnung.[20] Sie können auch eindeutige Formatierungen, beispielsweise eine andere Schrifttype oder Kursivschrift verwenden, müssen dann aber bei allen Zitaten in gleicher Weise vorgehen.[21] Wird ein typographisch markiertes Zitat in einen Satz integriert, dürfen die Anführungszeichen weggelassen werden – sollten es aber nicht.

Auch Hervorhebungen im Original werden übernommen, dürfen dabei jedoch dem im Style-Sheet der eigenen Arbeit (vgl. Kap. 6.3.4) festgelegten Format angepasst werden.[22] Sie können im Anschluss an das Zitat ausdrücklich als solche ausgewiesen werden:

> „*Runde Klammern* sind im Zitat nur als Teil des zitierten Textes zulässig; im eigenen Text des Verfassers kann man sie in gewohnter Weise benutzen." (MEYER-KRENTLER 1990, 52, Hervorh. im Original)

---

20 Noch ein Hinweis zu den Anführungsstrichen: Wenn sie in wissenschaftlichen Texten benutzt werden, um Zitate zu kennzeichnen, dürfen sie nicht zugleich dazu eingesetzt werden, ein Wort hervorzuheben – z. B. um sich zu distanzieren, um es als wichtig zu kennzeichnen oder es als einen neuen Begriff einzuführen. Dieser Fehler wird häufig gemacht. Woher soll der Leser wissen, ob dieses Wort ein Zitat ist oder vom Verfasser besonders betont werden soll? In Sachtexten kann die Kursivschrift oder halbfette Schrift Begriffe hervorheben. Aber auch hier gilt es aufzupassen: Die Kursivschrift ist häufig als Beispielschrift vergeben. Stilistische Hervorhebungen sollten stilistisch gelöst werden, d. h. nicht durch typographische Mittel, sondern durch den sprachlichen Kontext.

21 „Zitate werden durch doppelte Anführungsstriche, durch ‚französische' (» … «) oder durch Kursivschrift gekennzeichnet." MEYER-KRENTLER: Arbeitstechniken, S. 51

22 Wichtig ist nicht, ob eine Hervorhebung unterstrichen, **fett**, g e s p e r r t oder *kursiv* ist, sondern dass sie als solche erkennbar ist. Denkbar ist der Fall, dass in den Texten, aus denen zitiert wird, unterschiedliche Formen der Hervorhebung vorkommen. Würden diese jeweils originalgetreu übernommen, entstünde ein Format-Chaos. In einem Text müssen Formate unbedingt einheitlich vergeben werden, um zu funktionieren.

Wörtliche Zitate werden wortgetreu übernommen, d. h. weder verkürzt noch umformuliert.

Etwaige Fehler im Originaltext werden nicht korrigiert, sondern mit einem *[sic]* gekennzeichnet. Das lateinische Wort *sic*, dt. „siehe hier", soll als Anmerkung des Verfassers auf Druck- und Setzfehler hinweisen, die nicht korrigiert werden.[23]

Ein Beispiel:

Originaltext: *Zitate haben in wissenschaftlichen Texten charakteristsiche Funktionen.*

Zitat: *„Zitate haben in wissenschaftlichen Texten charakteristsiche [sic] Funktionen." (Schulze 1997, 122)*

Lediglich die doppelten Anführungszeichen im Original werden im Zitat durch einfache ersetzt (z. B. beim Zitat im Zitat), wenn die doppelten bereits für die Kennzeichnung von Originalzitaten verwendet werden.

Achten Sie beim Kürzen von Zitaten darauf, dass Sie den Sinn nicht verfälschen und die notwendigen Satzzeichen übernehmen.

Jede einzelne Auslassung muss gekennzeichnet werden – Kürzungen in wörtlichen Zitaten werden durch drei Punkte in eckigen Klammern [...] angezeigt. Dabei kann es sich um ein einzelnes ausgelassenes Wort, mehrere aufeinander folgende Wörter, einen Teilsatz oder einen kompletten Satz handeln. Ein Komma, dessen Existenz sich auf Grund der Auslassung erschließt, wird als Teil der Auslassung betrachtet – und deshalb weggelassen.[24]

Ein Beispiel:

Originaltext: *Zitate finden sich in allen wissenschaftlichen Texten, vom naturwissenschaftlichen Protokoll bis hin zum literaturwissenschaftlichen Essay, und werden auch in anderen, nicht-wissenschaftlichen Texten verwendet.*

---

23 Um im Zitat auf ungewöhnliche oder beachtenswerte Passagen aufmerksam zu machen, wird ein *[sic!]* hinter die entsprechende Stelle gesetzt. Darüber hinaus sollte dies jedoch im Text kommentiert werden.

24 Ganze Abschnitte sollten nicht weggekürzt werden, da in diesem Fall die Gefahr sehr groß ist, dass der Sinn verkürzt bzw. verfälscht wird. Besser ist es hier, zwei Zitate in den eigenen Text einzubinden.

Unzulässige Kürzung: *„Zitate finden sich in allen [...] Texten, [...].“ (Schulze 1995, 145)*

Zulässige Kürzung: *„Zitate finden sich in allen wissenschaftlichen Texten [...] und werden auch in anderen, nicht-wissenschaftlichen Texten verwendet.“ (Schulze 1995, 145)*

Notwendige Änderungen oder Zusätze müssen gekennzeichnet werden.

Sollte es durch die Integration des Zitats in einen eigenen Satz erforderlich werden, den Kasus zu verändern oder Wörter zu verschieben, so sind diese Eingriffe des Verfassers dadurch zu kennzeichnen, dass sie in eckige Klammern *[ ]* gesetzt werden. Wenn es nötig ist, Wörter gegen andere auszutauschen oder hinzuzufügen, ist dies in eckigen Klammern erlaubt, muss aber außerdem mit dem Kürzel des Verfassers *(XY* oder *der Verf.)* als Eingriff gekennzeichnet werden.

Eigene Hervorhebungen sind erlaubt, müssen jedoch am Ende des Zitats im Quellenbeleg durch den Zusatz *Hervorh. von mir, NN* oder *Hervorh. XY* ausdrücklich ausgewiesen werden. Diese Kennzeichnung kann in eckigen Klammern direkt hinter die Hervorhebung ins Zitat gesetzt werden oder nach einem Komma am Ende des Quellenbelegs stehen.

Ein Beispiel:

Originaltext: *Zitate finden sich in allen wissenschaftlichen Texten, vom naturwissenschaftlichen Protokoll bis hin zum literaturwissenschaftlichen Essay, und werden auch in anderen, nicht-wissenschaftlichen Texten verwendet.*

Zitat: *Schulze weist darauf hin, dass sich Zitate „in <u>allen</u> wissenschaftlichen Texten [finden], vom naturwissenschaftlichen Protokoll bis hin zum literaturwissenschaftlichen Essay, und [...] auch in anderen, nicht-wissenschaftlichen Texten verwendet“ werden (Schulze 1995, 145; Hervorh. XY).*

Deutlich ist darauf hinzuweisen, dass „[d]ies [...] Mittel zur [gewaltsamen, XY, der Verf.] Einfügung von einzelnen Zitat-Satzteilen in den eigenen Satzduktus“ sehr vorsichtig angewendet werden muss (vgl. Meyer-Krentler 1990, 52). Gerade das Einbauen von zitierten Satzteilen in eigene Sätze birgt allerdings die Gefahr der Bedeutungsverzerrung und sollte daher wo immer möglich vermieden werden.

Verwenden Sie für Zitate ein charakteristisches Format.

Wörtliche Zitate, die länger als zwei Zeilen sind, können – selbst wenn es sich um integrierte Zitate handelt – deutlich vom übrigen Text abgehoben werden, indem sie z. B. engzeilig, in einer kleineren Schrift und mit jeweils 1 cm Einrückung vom rechten und linken Rand gesetzt werden. So sind sie bereits auf den ersten Blick als eigenständiges Textelement erkennbar.

Auch sinngemäße Zitate werden als solche kenntlich gemacht.

In der Regel sind sinngemäße Zitate[25] am Konjunktiv zu erkennen und zusätzlich von Verben des Sagens und Meinens oder ähnlichen eingeleitet: *X vertritt die Position, dass; X ist der Ansicht, dass; X ist davon überzeugt, dass; X geht davon aus, dass; nach Meinung von X liegt der Ansatzpunkt darin, dass* ... Beim indirekten Zitieren wird ein zumeist sinngemäßes Zitat mit einem Nebensatz eingeleitet, der auf seine Herkunft verweist. Die zitierte Meinung, Aussage, Position oder Theorie wird im Nebensatz konjunktivisch formuliert. MEYER-KRENTLER hebt hervor, dass lange konjunktivische Passagen distanziert wirkten (1990, 34). Aus diesem Grund ist er der Ansicht, dass ein einleitender Satz vorangestellt werden müsse, der das folgende indikativisch Formulierte als sinngemäßes Zitat ausweise.[26] Ob Sie wörtlich oder sinngemäß zitieren – Sie sollten die Relationen im Auge behalten.

Nutzen Sie den Konjunktiv bei sinngemäßen Zitaten.

Verwenden Sie den Konjunktiv immer dann, wenn Sie mit eigenen Worten fremdes Gedankengut referieren. Wie im mündlichen Sprachgebrauch kann der Konjunktiv nämlich zugleich als Anzeichen des Zweifels eingesetzt werden. In der Grammatik des Verbs gibt es die Kategorie Modus – mit folgenden Formen:

Indikativ (Wirklichkeitsform), die ausdrückt, dass etwas so ist oder war: *Man befasst sich mit ... – Es ist so, dass ... – X und Y haben untersucht, ob* ... Diese Form ist die Grundform des Schreibens in wissenschaftlichen Texten.

- **Imperativ (Befehlsform)**, unwichtig für wissenschaftliches Schreiben: *Befasse dich mit der Grammatik!*
- **Konjunktiv I (Möglichkeits- und Zitierform):** *Er befasse sich mit ... – Es sei so, dass ... – X und Y haben/hätten*[27] *untersucht, ob* ... Diese Form ist für wissen-

25 Etwas unglücklich werden sinngemäße Zitate oft als „Paraphrasen" bezeichnet, was den Eindruck erweckt, als ginge es darum, umzuformulieren, um nicht wörtlich zitieren zu müssen. Zitate – wörtliche wie sinngemäße – erfüllen jedoch wichtige Funktionen in wissenschaftlichen Texten: Sie referieren, stellen Verbindungen zwischen wissenschaftlichen Erkenntnissen her, sichern ab, ordnen ein, kontrastieren – sie sind Teil der Argumentation.

26 In diesem von uns referierten Passus schreibt MEYER-KRENTLER wörtlich Folgendes: *Zunächst wird der Forscher-Name durch eine ‚Standort-Floskel' eingeführt („eine abweichende Position vertritt XY. Danach ist der Text älter ..."). Nun kann indikativisch diese Position des längeren referiert werden, und am Schluss wird durch die eigene Stellungnahme dazu die Einschätzung der referierten Ergebnisse geleistet.* (A. a. O., Seite 35, alte Rechtschreibung)

27 Leider ist die Formenwelt der Konjunktive in unserer Gegenwartssprache nicht klar ausgebildet, sondern etwas verwirrend. Im Beispiel sind die Formen von Indikativ und Konjunktiv I identisch (sie haben). Daher kann der Konjunktiv II (sie hätten) gebraucht werden.

schaftliches Schreiben sehr wichtig, weil sie die Form der indirekten Rede ist.

- **Konjunktiv II (Irrealis, Nicht-Wirklichkeitsform):** *Er befasste sich mit ... – Es wäre so, wenn ... – X und Y hätten untersucht, ob ...* Diese Form drückt aus, dass etwas nicht so ist oder war; sie ist nicht wichtig für wissenschaftliches Schreiben.

Insbesondere beim Sprechen wird der Konjunktiv II oft mit *würde* umschrieben: *Er würde sich befassen ... – Es würde so sein ... – X und Y würden untersucht haben, ob ...* Und weil häufig so gesprochen wird, werden dann diese Formen auch beim Schreiben in der indirekten Rede benutzt. In der Schriftsprache gelten hier ganz klare Regeln, an die man sich halten muss, um den Leser nicht zu verwirren. Grundsätzlich gilt:

- Der **Indikativ** gilt als distanzlose Form der Redewiedergabe, er kennzeichnet die Zustimmung. Er ermöglicht es dem Sprecher, seine Rolle als Vermittler oder Interpret unauffällig zurückzunehmen; vgl. *X stellt fest, dass sich damit eine wichtige Entwicklung vollzieht.*
- Der **Konjunktiv I** gilt als Mittel zum Ausdruck der Neutralität des Sprechers, er kennzeichnet das Zitat; vgl. *X stellt fest, dass sich damit eine wichtige Entwicklung vollziehe.*
- Der **Konjunktiv II** gilt als Mittel der Distanzierung des Sprechers, er kennzeichnet Skepsis, Vorbehalte und kann sogar zur Negation dienen; vgl. *X stellt fest, dass sich damit eine wichtige Entwicklung vollzöge.*

In der indirekten Rede werden Indikativ, Konjunktiv I und Konjunktiv II aus kommunikativ-pragmatischen Gründen gewählt. Durch die Wahl eines Modus für den abhängigen Satz kann der Sprecher implizit Stellung beziehen. Er kann verdeutlichen, dass er sich der Aussage eines anderen anschließt, dass er die Aussage eines anderen vermittelt, ohne sie zu bewerten, aber auch, dass er die Aussage eines anderen, die er wiedergibt, bezweifelt.

Ein Beispiel:

X stellt fest, dass sich damit eine wichtige Entwicklung vollzieht.

X stellt fest, dass sich damit eine wichtige Entwicklung vollziehe.

X stellt fest, dass sich damit eine wichtige Entwicklung vollzöge.

X stellt fest, damit sei eine wichtige Entwicklung vollzogen worden.

X stellt fest, damit wäre eine wichtige Entwicklung vollzogen worden.

Der Konjunktiv II wirkt – auch bei neutraler Redeeinleitung – deutlich als Modus der zweifelnden Distanzierung. Wenn Sie den Konjunktiv II so einsetzen, müssen Sie dies im Text erläuternd aufgreifen.

Leiten Sie die indirekte Rede ein.

Nicht nur die Wahl des Modus, sondern auch und vor allem eine Redeeinleitung hilft, die indirekte Rede einzuordnen. Hinweise auf Personen, Ort und Zeit müssen dem neuen Blickwinkel angepasst werden, so wird ein *ich* im Original im Einleitesatz benannt und in der wörtlichen Rede zu *er* oder *sie* umgeformt; außerdem werden Zeit- und Ortsangaben absolut angegeben. Dies ermöglicht es, nicht nur die Bedeutung, sondern auch den Sinn zu erfassen, den eine Äußerung in ihrer aktuellen Kommunikationssituation hatte. Während der Sprecher/Schreiber in der direkten Redewiedergabe des wörtlichen Zitats die Aussage eines anderen übernimmt und durch Anführungszeichen markiert, muss er in der indirekten Rede auch sprachlich ausdrücklich kennzeichnen, dass er aus seiner eigenen Perspektive spricht. Zumeist wird die indirekte Rede wie auch die wörtliche eingeleitet, etwa durch: *X stellt fest, dass ... – X hebt hervor: ... – X geht davon aus, ... – X hebt hervor, ... – X betont, ... – X behauptet ... – X kritisiert ... – X beachtet hierbei nicht ... – X steht damit im Gegensatz zu Y, der ...* Das im Einleitesatz gebrauchte Verb des Sagens und Meinens (*sprechen, schreiben, hinweisen, betonen, behaupten, kritisieren ...*) erlaubt dem Sprecher eine kommentierende Wertung, mit der er fokussieren bzw. dem Folgenden einen Gültigkeitsrahmen zuweisen kann.

Verben des Sagens und Meinens nutzen:

Durch den Einsatz von redeeinleitenden Verben des Sagens und Meinens können Sie das Folgende einordnen. Einige der Redeeinleitungen bedürfen einer anschließenden Begründung. Folgenden Gruppen werden unterschieden:

Die Sprechweise, Stimmlage, Artikulation oder das Schreiben kennzeichnen *brüllen, dazwischenrufen, flüstern, grölen, hauchen, kreischen, lamentieren, lispeln, meckern, nuscheln, predigen, quäken, quengeln, raunen, rufen, salbadern, schreiben, sich versprechen, sprechen, schreien, stottern, unterschreiben, unterzeichnen, wettern, wispern, zurufen, zwitschern ...*

Den Gang der Rede ordnen *antworten, ansagen, dazwischenrufen, einwerfen, erwidern, erzählen, fortfahren, fragen, hinzufügen, rufen, sagen, sprechen, unterbrechen, zugeben, zurückweisen, zurufen ...*

Die Wirkung des Gesagten beschreiben *anklagen, anweisen, auffordern, befehlen, begrüßen, bitten, behaupten, belegen, berichten, bitten, drohen, erwidern, fragen, hinzufügen, informieren, kommentieren, lamentieren, lügen, meinen, meckern, mitteilen, nachweisen, nörgeln, predigen, schwören, sich beschweren, sich verbitten, streiten, verbieten, versprechen, warnen, zanken, zugeben, zürnen, zurückweisen ...*

Die Verben des Sagens und Meinens müssen überaus vorsichtig und immer reflektiert eingesetzt werden: Leicht wird durch die ungeschickte Wahl einer Redeeinleitung ungewollt ein falscher Zusammenhang konstruiert oder unglücklich kommentiert.

4.2 Formen des Quellenbelegs

Für eine wissenschaftliche Arbeit sind unterschiedliche Quellen zitierfähig: Monographien, Aufsätze, Handbuchartikel, aber auch unveröffentlichte Vorlesungsnotizen und Arbeitsmaterialien, Internetseiten, Umfragen, Experimente, Beobachtungen sowie Hörfunk- und Fernsehsendungen oder persönliche Gespräche, auf die Bezug genommen wird. Alle für die Arbeit benutzten Hilfsmittel werden einerseits im Literaturverzeichnis aufgelistet, werden andererseits aber den einzelnen Zitaten zugeordnet. Belege wörtlicher Zitate sollen es dem Leser ermöglichen, im Original den Kontext des Zitats zu lesen, daher ist die Angabe der Seite, auf der ein Zitat zu finden ist, eine unerlässliche Information. Diese kann uneingeleitet bzw. im Anschluss an die Abkürzung *S.* oder das ausgeschriebene Wort *Seite* angegeben werden. Durch Quellenbelege sinngemäßer Zitate soll der Leser in die Lage versetzt werden, zusammengefasste Argumentationen zu überprüfen.

Ziel eines Quellenbelegs ist es, unmissverständlich auf die ausführliche bibliographische Angabe im Literaturverzeichnis zu verweisen.

Der Quellenbeleg verweist auf die Seite des im Literaturverzeichnis angegebenen Werks, auf der das Zitat zu finden ist. Die Form des Quellenbelegs ist an sich variabel. Quellenbelege können als Fußnoten ergänzt oder auch in den Text geschrieben werden. Es dient der Orientierung (und spart Arbeit), bei der ersten Zitierung in einer Fußnote auch die ausführliche bibliographische Angabe des Literaturverzeichnisses zu geben. Bei den weiteren Zitierungen wird mit dem Kurzbeleg im Text *(Name Jahr, Seite)* auf das Literaturverzeichnis verwiesen. Bei sinngemäßen Zitaten wird die Abkürzung *vgl.* vorangestellt.

Erkundigen Sie sich, ob in Ihrem Fach eine bestimmte Kennzeichnungsform vorgeschrieben ist.

In einigen Fächern wird im Anschluss an die erste, komplette Nennung einer Quelle in der Fußnote mit Kurztiteln weitergearbeitet. Dieses Vorgehen empfiehlt sich, wenn in Ihrem Fach keine besonderen Vorgaben gemacht werden. Mit einem Kurztitel wie *Wissenschaftlich Schreiben. Seite 44* werden Sie das entsprechende Buch im Literaturverzeichnis jedoch nicht ohne weiteres finden können. Der Nachname des Autors, das Ordnungskriterium des Literaturverzeichnisses, ist also auch für einen eindeutigen Kurzbeleg unentbehrlich.[28] Eine häufig verwendete Kurzform ist die folgende:

28 Sinnvoll gekürzt reicht in der Regel der verkürzte Titel eines zitierten Textes aus (vgl. „Grundprinzipien Germanistik“ vs. „Grundprinzipien wissenschaftlichen Schreibens in der Germanistik“).

Der Harvard-Beleg

Der Harvard-Beleg ist eine ökonomische Möglichkeit, eine zitierte Quelle im Haupttext zu belegen. Er besteht aus Autorennachname, Erscheinungsjahr, Seitenangabe und wird in den laufenden Text (meist in runden Klammern) integriert bzw. den Zitaten nachgestellt.

Beispiel: *„Zitate finden sich in allen wissenschaftlichen Texten, vom naturwissenschaftlichen Protokoll bis hin zum literaturwissenschaftlichen Essay." (SCHULZE 1997, 125)*

Der Vorteil dieser Methode liegt darin, dass die Aktualität des Zitats auch ohne aufwendiges Blättern im Literaturverzeichnis beurteilt werden kann. Bei sinngemäßen Zitaten ist zu empfehlen, den eingeklammerten Kurzbeleg in den laufenden Satz hineinzunehmen, d.h. das Satzschlusszeichen hinter die schließende Klammer zu setzen. Die Abkürzung *vgl.* ist klein zu schreiben.

Beispiel: *SCHULZE weist darauf hin, dass prinzipiell jede wissenschaftliche Textsorte Zitate beinhalten kann (vgl. SCHULZE 1997, 125).*

Bei (vollständigen) wörtlichen Zitaten sollte das Zitat ganz normal mit Satzschlusszeichen und Abführungszeichen beendet werden – der Kurzbeleg (in runden Klammern) erfolgt dann im Anschluss. Wird der Name des Autors im Einleitesatz gebraucht, kann der Beleg auch vorangestellt werden.

Beispiele: *„Zitate finden sich in allen wissenschaftlichen Texten, vom naturwissenschaftlichen Protokoll bis hin zum literaturwissenschaftlichen Essay." (SCHULZE 1997, 125)*

SCHULZE (1997, 125) stellt fest: „Zitate finden sich in allen wissenschaftlichen Texten, vom naturwissenschaftlichen Protokoll bis hin zum literaturwissenschaftlichen Essay."

Bei integrierten wörtlichen Zitaten (ein zitierter Ausdruck oder Halbsatz wird umschlossen vom eigenen Satz) wird der Kurzbeleg (in runden Klammern) in den laufenden Satz integriert. Das heißt, auch hier (wie beim sinngemäßen Zitat) steht das Satzschlusszeichen hinter der Klammer.

Beispiele: *SCHULZE weist darauf hin, dass „sich in allen wissenschaftlichen Texten, vom naturwissenschaftlichen Protokoll bis hin zum literaturwissenschaftlichen Essay" Zitate finden lassen (1997, 125).*

SCHULZE (1997, 125) weist darauf hin, dass „sich in allen wissenschaftlichen Texten, vom naturwissenschaftlichen Protokoll bis hin zum literaturwissenschaftlichen Essay" Zitate finden lassen.

Kurzformen wie diese sind unmittelbarer zugänglich und können im Text stehen, ohne den Lesefluss entscheidend zu stören. Der Leser muss weder den Blick auf die Fußnote richten, noch das Literaturverzeichnis aufschlagen.[29]

Weit verbreitet sind außerdem die Abkürzungen *ebd.* oder *ebda.* (= ebenda, ebendort - gemeint ist, dass sich das Zitat auf der gleichen Seite wie das vorherige Zitat befindet) und *a. a. O., Seite* (= am angegebenen Ort - gemeint ist eine Quelle, die zuvor im Text oder in einer Fußnote benannt wurde) im Quellenbeleg. Wer Kurztitel und Abkürzungsverfahren kombiniert, erstellt Quellenbelege des Musters MÜLLER a. a. O., S. 15. Er verweist mit der Abkürzung auf das Literaturverzeichnis und macht dadurch alles nur noch komplizierter: Zudem bleibt bei mehreren Veröffentlichungen eines Autors unklar, auf welchen Titel sich der Quellenbeleg bezieht. Ein solches System von Verweisen zwischen den Quellenangaben ist also nur so lange vorteilhaft, wie die Verweisstruktur (noch) übersichtlich bleibt. Aber auch das einfache Abkürzungsverfahren hat Grenzen: Der Leser muss beim fünften *ebd.* in Erinnerung haben, worauf es sich bezieht. Außerdem ist dieses Verfahren für die Arbeit mit dem PC nicht geeignet, denn die Bezüge können leicht durcheinander geraten, wenn Textteile nachträglich verschoben oder eingefügt werden.

Die Entscheidung für das eine oder das andere Verfahren mit einer bestimmten Form des Quellenbelegs ist oft mehr als eine Geschmacksfrage - der Quellenbeleg im Text beispielsweise wird folgendermaßen karikiert:

> „Freilich gilt dies unter Literaturwissenschaftlern als unfein, als Störung des Textflusses. Beliebt ist diese Zitiertechnik bei Linguisten; sie tun so ihr barbarisches Verhältnis zur Linguistik kund. Das ist freilich auch der einzige entschiedene Vorteil dieser Zitierweise: Begegnet man einer derart mit ‚Namen' (Schitteckel/Rosenkranz/Paletti 1985, 12) und Zahlen (vgl. Müller 1903a, 43) im laufenden Text (ebd. 44) gespickten (nach Schweinskopf / Rehberg 1953, 61) wissenschaftlichen Abhandlung (so auch Schulze-Pissowotzky 1966, 558 u. ö.), weiß der **Leser** [...] sofort, dass die Lektüre (so schon Morgenstern 1912, 98-100) reichlich öde wird." (MEYER-KRENTLER 1990, 50, Hervorh. im Original)

Egal, welche Form des Kurzbelegs Sie wählen: Der Verweis auf die Quellen im Text soll das gesonderte, alphabetisch geordnete Literaturverzeichnis nicht ersetzen - daher wird er knapp gehalten. Ausführliche Literaturangaben sind im Text störend und in den Fußnoten

29 Noch kürzer und trotzdem eindeutig ist eine Variante des Harvard-Systems, die ausschließlich mit Ziffern arbeitet. Diese Form des Quellenbelegs wird besonders häufig in den Naturwissenschaften genutzt. Die Titel im Literaturverzeichnis sind laufend, meist nicht in alphabetischer Folge, sondern in der Reihenfolge ihres Auftretens durchnummeriert. Der Beleg [55, 44] bedeutet: Das Zitat findet sich im 55. Titel des Literaturverzeichnisses auf der Seite 44. Für den Leser heißt das jedoch: bei jedem Quellenbeleg nachschlagen.

unübersichtlich, da die wesentliche Komponente eines Quellenbelegs die Seitenzahl des eindeutig codierten Werkes ist und im Wust der Erscheinungsjahre und Auflagen beim Schreiben leicht vergessen werden kann.

Autorenname, (Kurz-)Titel, Erscheinungsjahr und Seitenangabe sind also für einen Kurzbeleg unumgänglich. Ob, wann, wo und wie Sie andere bzw. weitere Angaben nennen bzw. kürzen, ist Ihnen häufig im Fachbereich oder vom Gutachter Ihrer Arbeit vorgegeben – wenn nicht, können Sie frei entscheiden. Wie auch immer Sie verfahren, entscheidend ist das konsequente Durchhalten des einmal gewählten Notationsverfahrens. Wichtig ist dabei, Redundanzen zu vermeiden und in jedem Fall das einmal gewählte Muster konsequent zu verwenden. Fragen wie: „Ist ein Fußnotenbeleg mit einem Punkt abzuschließen?" oder „Werden die Angaben des Erscheinungsortes und des Erscheinungsjahres durch Punkt oder Komma voneinander getrennt?" sind in den verschiedenen Fächern meist unterschiedlich geregelt.

4.3 Inhaltliche Hinweise zum Zitieren

Die Grundfunktion des Zitats in wissenschaftlichen Arbeiten besteht darin, eigene Überlegungen wissenschaftlich abzusichern und Bezüge innerhalb der wissenschaftlichen Diskurse herzustellen. Um eigene wie fremde Gedankengänge und -abläufe nachvollziehbar zu machen, werden wörtliche Zitate in den Text integriert. Wer zitiert, signalisiert, dass er die im Zitat enthaltene Position teilt, es sei denn, er macht durch den Kontext klar, dass und wie er sich distanziert.

Als Faustregel gilt: Zitieren Sie nicht zu viel. Machen Sie sich klar, warum Sie wie zitieren, denn verschiedene Einsatzmöglichkeiten für Zitate sind denkbar.

Zitate können in wissenschaftlichen Arbeiten unterschiedliche Zwecke erfüllen. Die Vielfalt des Zitierens ergibt sich aus der Möglichkeit der Variation:

- Man beruft sich auf Texte anderer, um die eigene Position zu untermauern.
- Die Gedanken anderer Autoren dienen als Ausgangspunkt und werden weitergeführt, miteinander verglichen, kritisiert usw.
- Verschiedene Thesen, Positionen, Erklärungsansätze werden zusammengestellt, um den Stand der Forschung auf einem bestimmten Gebiet darzustellen.

Sie müssen sich nicht auf ein Verfahren festlegen, sollten sich aber immer wieder klarmachen, warum Sie wie zitieren. Die Frage, wie intensiv (quantitativ) mit Zitaten gearbeitet werden soll, hängt nicht zuletzt vom Typ der Arbeit ab. Grundsätzlich gilt: Zahlreiche Zitate können fehlende Sachkenntnis nicht ersetzen. Im Rahmen einer Arbeit können Zitate an unterschiedlichen Stellen eingesetzt werden. Sie erfüllen dann auch unterschiedliche Funktionen:

Ein Zitat kann als Motto verwendet werden.

Kurze, typische Zitate können einem Text oder Kapitel vorangestellt werden. Das Zitat als Motto ist dem eigentlichen Text übergeordnet, steht auf einer allgemeinen Ebene. Nicht selten wird man hier Weisheiten antiker Philosophen, Sentenzen von Wissenschaftlern anderer Fächer, zentrale Thesen, Sprichwörter, Aphorismen oder geflügelte Worte finden.

Ein Zitat kann Ausgangspunkt für die Argumentation sein.

Ein solches Zitat sollte zentrale Thesen enthalten, die im Zitat besser auf den Punkt gebracht sind als man es mit eigenen Worten sagen könnte. Die weitere eigene Argumentation baut auf das Zitat auf.

Beispiel: *SCHULZE stellt fest, dass z. B. „so genannte Handreichungen zum Verfassen wissenschaftlicher Arbeiten, die in den verschiedenen Fachbereichen für die Studierenden konzipiert werden, den Problembereich des Zitierens nur unzureichend behandeln" (SCHULZE 1997, 65). Im Folgenden ist genauer zu untersuchen, wie und in welchem Umfang das Zitieren in Handreichungen einerseits und in der Ratgeberliteratur andererseits behandelt wird …*

Ein Zitat kann als Gegenpol dienen.

Ein Zitat kann Gegenpol der eigenen Argumentation sein, es wird genutzt, um sich abzugrenzen und so die eigene Position zu bestimmen.

Beispiel: *SCHULZE (1998, 45) kommt im Anschluss an eine Untersuchung der Ratgeberliteratur zum wissenschaftlichen Schreiben zu dem Schluss, dass insbesondere die formalen Aspekte des Zitierens das Schreiben erschweren. Im Folgenden soll gezeigt werden, dass formale Aspekte zwar nicht irrelevant sind, aber nicht die Hauptursache von Zitier-Problemen darstellen.*

Ein Zitat kann zur Absicherung genutzt werden.

Die Grundfunktion des Zitats in wissenschaftlichen Arbeiten besteht darin, eigene Überlegungen nachvollziehbar zu machen und wissenschaftlich abzusichern. Entsprechend werden vor allem wörtliche Zitate in den eigenen Text integriert – man verschafft sich sozusagen ‚wissenschaftliche Rückendeckung' und bindet zugleich den eigenen Beitrag in die Forschung ein.

Beispiel: *Eine der schwierigsten Fragen in Bezug auf die Techniken wissenschaftlichen Arbeitens hängt direkt oder indirekt mit dem Zitieren zusammen. So stellt* SCHULZE *fest, dass z. B. „so genannte Handreichungen zum Verfassen wissenschaftlicher Arbeiten, die in den verschiedenen Fachbereichen für die Studierenden konzipiert werden, den Bereich des Zitierens nur unzureichend behandeln" (*SCHULZE *1997, 65). Offensichtlich vermeiden auch die Verfasser solcher Handreichungen dieses schwierige Thema.*

Ein Zitat kann Textbaustein sein.

Eine weitere Möglichkeit besteht darin, in Textpassagen Zitate als Textbausteine zu verwenden. In diesem Fall ist der Umfang der Zitate größer, der eigene Text besteht aus Überleitungen und Kommentaren. Das Zitat ist in die Argumentation eingebunden. Dieses Verfahren sollten Sie jedoch nur für ausgewählte Kapitel Ihrer Arbeit anwenden, in denen es darum geht, Inhalte zu referieren.

Vor allem in literaturwissenschaftlichen Arbeiten kann es vorkommen, dass eine wichtige, möglicherweise längere Textpassage aus einer Primärquelle wörtlich zitiert werden muss, um die zitierte Passage damit als Gegenstand z.B. einer Interpretation zu verwenden. Auch dann dient das Zitat als Textbaustein.

Ein Zitat kann als Kommentar in der Fußnote dienen.

Werden kurze Zitate als Anmerkungen (in den Fußnoten) ergänzt, kann auf subtile Weise kommentiert werden – ähnlich wie beim Zitat als Motto, nur entgegengesetzt: Das soeben Gelesene wird durch einen Kontrast in ein anderes Licht gestellt oder nachdrücklich bestätigt oder kritisiert. Auf diese Weise haben Sie die Möglichkeit zu zeigen, dass Sie sich z.B. mit gegensätzlichen Positionen auseinander gesetzt haben. Bei solchen Zitaten stellt sich jedoch immer die Frage, ob sie nicht doch wichtig genug sind, um in den Haupttext aufgenommen zu werden.

Beispiel: Denkbar ist ein Kapitel, in dem die Bedeutung des Zitierens für das wissenschaftliche Arbeiten thematisiert wird. Angenommen, es wird die These aufgestellt, dass der Bereich des Zitierens einerseits wichtig, andererseits jedoch die Technik des Zitierens nicht immer einfach sei. Diese These kann nun mit Zitaten bekräftigt werden; in der Fußnote ist folgende Anmerkung (als Zitat) ergänzbar:

SCHULZE *unterstellt demgegenüber, dass „der Bereich des Zitierens für das wissenschaftliche Arbeiten stets überschätzt wird und die rein zitiertechnischen Probleme oftmals die inhaltlichen Schwierigkeiten bei der Auseinandersetzung mit einem Thema überdecken" (*SCHULZE *1989, 134).*

Ein solches Zitat sollte jedoch nicht isoliert stehen; ein kurzer Kommentar müsste Ihre eigene Einschätzung der Auffassung SCHULZES verdeutlichen.

4.4 Das Literaturverzeichnis

Das Literaturverzeichnis gehört an den Schluss jeder wissenschaftlichen Arbeit. Eine Untergliederung in „Zitierte Literatur" und „Gelesene Literatur" ist zwar ebenso möglich wie die Erweiterung „Weiterführende Literatur zum Thema", aber nicht unbedingt empfehlenswert, weil leicht unübersichtlich und anfällig für falsche Zuordnungen. Sinnvoll kann eine Einteilung anhand logischer Kriterien sein: Geisteswissenschaftler trennen häufig Primär- von Sekundärliteratur. Üblich sind auch thematische Unterscheidungen wie die bei GLÜCK/SAUER 1990[30]:

1. Wörterbücher
2. Grammatiken
3. Sprachwissenschaftliche Literatur
4. Gesellschafts- und Geschichtswissenschaftliche Literatur
5. Populäre Literatur über Sprache

oder die Ausgliederung von Zeitschriftenaufsätzen. Derartige Untergliederungen machen jedoch dem Leser, der nicht Experte ist, das Auffinden eines Titels im Verzeichnis unnötig schwer. Wer nicht weiß, dass es sich bei *WAHRIG 1997* um ein Wörterbuch der deutschen Sprache handelt, wird vielleicht nicht in der ersten Rubrik, in der er sucht, fündig.

Ins Literaturverzeichnis gehören genau die Texte, aus denen zitiert worden ist bzw. auf die verwiesen wurde.

Alles Weitere ist Schaumschlägerei. Das Literaturverzeichnis ist – wie das Inhaltsverzeichnis auch – Bestandteil Ihres Textes. Mit Hilfe des Literaturverzeichnisses soll sich der Leser die zitierten Quellen beschaffen können, um ggf. zu vergleichen oder nachzulesen. Daher gehören die Angaben, die für die eindeutige Identifikation eines Werkes notwendig sind, in die Titelbibliographie Ihres Literaturverzeichnisses – die Größe des Buches, die Farbe seines Einbands und die Anzahl der Seiten, aber auch ISBN-Nummern und Preise beispielsweise sind irrelevant. Bedeutsam – und daher für eine bibliographische Angabe unerlässlich – sind hingegen die Angaben, die es ermöglichen, das richtige Buch in beliebigen

30 GLÜCK, HELMUT/SAUER, WOLFGANG 1990: Gegenwartsdeutsch. Stuttgart: Metzler, 201–214.

Bibliotheken und Katalogen schnell und eindeutig zu finden. Da Kataloge und Verzeichnisse in der Regel alphabetisch sortiert sind, sind die korrekte Schreibung des Verfasser- oder Herausgebernamens, sein Vorname, die Auflage - wenn es sich nicht um die erste handelt - sowie Erscheinungsort und Erscheinungsjahr die Kriterien, die es Schritt für Schritt ermöglichen, ein Werk genau zu identifizieren.

Komponenten einer ausführlichen bibliographischen Angabe im Literaturverzeichnis

- **Name(n)** des/der Verfasser(s) bzw. des/der Herausgeber(s) und seine(n) Vornamen; beide dienen der Identifikation und sind Ordnungskriterien bei einem alphabetisch sortierten Literaturverzeichnis.
- **Titel** und **Untertitel** des Werkes; informieren zwar nicht unbedingt über den Inhalt des Werkes, dienen jedoch der Abgrenzung von anderen Werken desselben Verfassers, die in demselben Jahr erschienen sind.
- Wenn vorhanden: auch Angaben über **Mitherausgeber** oder **Übersetzer;** dienen ebenfalls der Abgrenzung bzw. liefern Informationen über den Text.
- **Auflage,** wenn es sich nicht um die erste handelt; liefert ebenfalls Informationen über den Text, da weitere Auflagen erweitert, verbessert oder völlig neu bearbeitet sein können; wenn sie dies sind, müssen Sie das vermerken.
- **Erscheinungsort** und **Erscheinungsjahr;** dienen der näheren Spezifikation des Werkes: der Verlagsort gibt Aufschluss über den Verlag, das Erscheinungsjahr ermöglicht eine zeitliche, wissenschaftsgeschichtliche Einordnung des Werkes bzw. macht verschiedene Ausgaben bzw. Auflagen unterscheidbar; mehrere Titel eines Autors in einem Jahr werden als *2000a, 2000b* gekennzeichnet; sollten Erscheinungsort und/ oder -jahr nicht auszumachen sein, schreiben Sie die Abkürzungen *o. O.* bzw. *o. J.*
- Wenn vorhanden: **Reihentitel** und ggf. **Verlag;** sind eher unwesentlich, da die Angaben für die Beschaffung des Werkes nicht zwingend erforderlich sind. Die durchgängige Ergänzung von Reihentiteln kann ein Literaturverzeichnis schnell unübersichtlich erscheinen lassen.
- Bei mehrbändigen Werken: **Anzahl der Bände;** sollten Herausgeber und/oder Jahr und Ort nicht bei allen Bänden gleich sein, sind sie gesondert anzugeben.
- Bei übersetzten Texten: das **Erscheinungsjahr der Übersetzung;** der Name des Übersetzers bzw. Editors wird im Anschluss an den Titel eingefügt; in Klammern kann das Jahr des ersten Erscheinens ergänzt werden.

Über die Anordnung dieser Komponenten gibt es in den Fächern und Fakultäten Vorgaben sowie bei einigen Dozenten favorisierte Konventionen, nach denen Sie sich unbedingt erkundigen müssen.

Die Nennung des Verlages beispielsweise ist nicht in allen Fächern üblich. Wenn Sie sich dazu entschließen, Verlage anzugeben, bedenken Sie, dass Sie zu jedem Titel den Verlag nennen müssen. Prinzipiell ist es egal, wie Sie die Angaben anordnen, solange Sie für eine Arbeit bei einem Muster bleiben und keine der wesentlichen Angaben auslassen. Für die Literaturangabe gibt es bei einigen Textsorten jedoch besondere Anforderungen und formale Muster.

Fachzeitschriften:

Geben Sie bei Zeitschriftenaufsätzen nicht nur Autor und Titel des Aufsatzes an, sondern auch den Titel der Zeitschrift, den Jahrgang und das Erscheinungsjahr der Zeitschrift, die erste und letzte Seite des Artikels, z. B.:

ABONNENT, KLAUS-RÜDIGER 2001: Was mache ich mit Altpapier? Tipps und Kniffe zum Recycling. In: DAS GRÜNE BLATT 25/2001, Heft 4, S. 99–100

Die Angaben bedeuten, dass die Zeitschrift *Das grüne Blatt* seit 25 Jahren verlegt wird und der Aufsatz von *KLAUS-RÜDIGER ABONNENT Was mache ich mit Altpapier? Tipps und Kniffe zum Recycling* im vierten Heft dieses Jahrgangs auf den Seiten 99 und 100 steht. Die Heftnummer ist nur bei solchen Zeitschriften eine wichtige Angabe, in denen mehrere Hefte im Jahr nicht einen durchnummerierten Jahresband ergeben, sondern jeweils auf Seite 1 beginnen.

Sammelbände:

Sammelbände werden mit dem Nachnamen des ersten Herausgebers bibliographiert. Sollten mehr als drei Herausgeber zu nennen sein, werden alle weiteren unter dem Kürzel *u. a.* (= und andere) zusammengefasst:

SCHREIBER, BERNHARD/LESER, ROSEMARIE/DRUCKER, ENGELBERT u. a. (Hg.): Die Kunst, ein Buch zu verlegen. Oder: Wie ordnet man seine Bibliothek? Lesedorf 2002.

Die Reihenfolge der Herausgeber ergibt sich anhand der Titelseite – von der hier gewählten Ordnung sollten Sie nicht abweichen, da Sie dadurch die Identifizierung erschweren.

WWW-Dokumente:

WWW-Dokumente werden – wenn möglich – wie Aufsätze zitiert: Man gibt Autor, Titel und Untertitel an; da jedoch in der Regel kein Erscheinungsdatum auszumachen ist, werden sie nach dem Fundzeitpunkt datiert; anstelle des Jahrgangs und der Heftnummer wird die www-Adresse angegeben:

WELTWEIT, WILLY 1998: Veröffentlichen im WWW. [www.arbnet/wiss/schreib.html, gefunden am 11.11.1999]

Sollte kein Autor angegeben sein, wird nach dem Muster der Nachschlagewerke bibliographiert. Sollten Sie mehrere Internet-Texte angeben, können Sie diese in einer eigenen Kategorie im Literaturverzeichnis einordnen. Und noch ein Tipp: Drucken Sie www-Funde sicherheitshalber aus – Adressen und Informationen im Netz ändern sich schnell.

Gliederungsmöglichkeiten der bibliographischen Angabe

Die Varianten der Gestaltung von Quellenangaben sind vielzählig – Sie werden bei einer diesbezüglichen Prüfung verschiedener Bücher eine reiche Palette der Möglichkeiten, die notwendigen Angaben in eine Reihenfolge zu bringen, finden. Abschließend werden deshalb hier einige gängige Anordnungen und Kennzeichnungen von Quellenangaben gezeigt, an denen auch die zusätzliche Gliederung durch Satzzeichen deutlich wird.

Umberto Eco, Wie man eine wissenschaftliche Abschlußarbeit schreibt; Doktor-, Diplom- und Magisterarbeit in den Geistes- und Sozialwissenschaften; ins Deutsche übersetzt von Walter Schick; 6., durchgesehene Auflage der deutschen Ausgabe; Heidelberg 1993

Joachim Stary/Horst Kretschmer 1994: Umgang mit wissenschaftlicher Literatur. Eine Arbeitshilfe für das sozial- und geisteswissenschaftliche Studium; Frankfurt/M.

Krämer, Walter: **Wie schreibe ich eine Seminar-, Examens- und Diplomarbeit.** Eine Anleitung zum wissenschaftlichen Arbeiten für Studierende aller Fächer an Universitäten, Fachhochschulen und Berufsakademien. 4., erw. und aktualisierte Auflage; Stuttgart, Jena 1995 [Gustav Fischer]

MEYER-KRENTLER, ECKHART 1990. Arbeitstechniken Literaturwissenschaft. München: Fink (= UTB 1582).

Klaus Poenike: Duden. Wie verfaßt man wissenschaftliche Arbeiten? Ein Leitfaden vom ersten Studiensemester bis zur Promotion. 2. neubearbeitete Auflage. Mannheim, Wien, Zürich: Dudenverlag, 1988.

Poenicke, Klaus. Die schriftliche Arbeit: Materialsammlung und Manuskriptgestaltung für Fach-, Seminar- und Abschlußarbeiten an Schule und Universität. Mit vielen Beispielen. 2., verb. Aufl. Mannheim u. a. 1989

Sie finden sicher noch weitaus mehr Varianten der Gestaltung von Literaturangaben. Punkte, Strichpunkte, Doppelpunkte, Kommas können an den verschiedensten Stellen platziert werden. Die Reihenfolge, in der die Angaben genannt werden, kann ebenfalls variieren. Außerdem können Namen oder Titel durch **Fett**- oder *Kursiv*schrift, durch KAPITÄLCHEN oder GROSSBUCHSTABEN, durch Unterstreichungen oder G e s p e r r t schreibung hervorgehoben werden. Sie sollten sich darüber informieren, ob in Ihrem Fach oder von Ihrem Dozenten eine andere Konvention gewünscht wird. Werden Ihnen keine Vorgaben gemacht, orientieren Sie sich am Folgenden:

Vorschlag zur Form bibliographischer Angaben:

Der folgende Vorschlag ist einfach gehalten. Er verwendet immer gleiche Trennungszeichen und als Hervorhebung nur Kapitälchen bei Namen. Er korrespondiert mit der Harvard-Beleg-Technik im Text.

NAME, VORNAME Erscheinungsjahr (Bei höherer Auflage als der ersten: Auflage (a) als hochgestellte Zahl oder (b) in Klammern dem Erscheinungsjahr vorangestellt): Titel. Untertitel. Ggf. Auflage. Erscheinungsort: Verlag (evtl. in Klammern Erscheinungsjahr der ersten Auflage), zitierte Seite(n).

Also beispielsweise:

BÜNTING, KARL-DIETER/BITTERLICH, AXEL/POSPIECH, ULRIKE ^{2}2000: Schreiben im Studium. Ein Leitfaden. 2. Aufl. Berlin: Cornelsen Verlag Scriptor (1. Aufl. 1996), 59 f.

f. bedeutet Folgeseite, also hier S. 59 und S. 60; wenn mehrere Folgeseiten angesprochen werden, schreibt man *ff.*, oder man gibt die genaue Seitenzahl an (z. B. *59–64*); das ist bei Zeitschriftenaufsätzen und Artikeln in Handbüchern üblich, damit der Leser weiß, wie lang der Aufsatz oder Artikel ist.

Kapitel 5:

Sprache und Stil einer wissenschaftlichen Arbeit

Auf die sprachliche Form eines Textes sind zwei idealtypische Leserreaktionen üblich, die Sie als Leser von Texten sicherlich kennen:

1. Die sprachliche Form wird gar nicht wirklich wahrgenommen, man konzentriert sich beim Lesen auf Inhalt und Bedeutung. Der Text ist so formuliert, dass man die Formulierungen selbst gar nicht beachtet. Ein solcher Text ist hochgradig funktional formuliert im Spannungsfeld zwischen dargestellter Sache, Absichten des Schreibenden und Erwartungshaltungen des Lesenden. Als wissenschaftlicher, informativer Text ist er ein guter Text.
2. An der sprachlichen Form fällt etwas auf. Hier ist nun ganz entscheidend, ob das, was auffällt, den Inhalt unterstützt (ein Vergleich, ein sprachliches Bild, eine rhetorische Figur, klarer Satzbau ...) oder stört (schwierige Wörter, komplizierter Satzbau, ein schiefes Bild ...). In literarischen Texten ist die Form oft wesentlicher Träger der Wirkung.

In wissenschaftlichen Texten sollte die Form den Inhalt möglichst präzise und verständlich transportieren. Deshalb zielen die Tipps und Ratschläge in diesem Kapitel darauf, zu zeigen, was zum Formulieren gut verständlicher Texte beitragen kann – und zwar auch dann, wenn die dargestellten Sachverhalte kompliziert sind. Achten Sie bereits beim Lesen von Texten auf deren Sprache, die Ihnen Vorbild für das Schreiben in Ihrem Fach sein kann.

Wenn man eine wissenschaftliche Arbeit schreibt, muss man Fachbegriffe benutzen. In vielen Arbeiten muss man sicherstellen, dass die Leser und Leserinnen wirklich das Gleiche verstehen wie man selbst, und das bedeutet, dass man die Fachbegriffe definieren muss: Die Sprache einer wissenschaftlichen Arbeit ist sachorientiert und muss auf eine präzise Verwendung der Fachbegriffe (Termini) hinarbeiten, um den Gegenstand terminologisch zu erfassen. Eine Orientierung hierfür bieten Fachwörterbücher. Die Verwendung von Fachbegriffen muss innerhalb des Textes identisch sein. Häufig besteht der Beginn der Textplanung darin, die Verwendung von Termini in der Literatur zu überprüfen: Meinen alle dasselbe, wenn sie den Begriff X verwenden?

5.1 Anforderungen an die Sprache

Deutsch sprechen und schreiben wir alle, aber in verschiedenen Situationen sprechen wir verschieden, und unterschiedliche Texte schreiben wir verschieden. Die Sprachwissenschaft bezeichnet die Vielfalt der Sprachgebrauchsweisen als **Sprachvarietäten.** Die Sprachvarietäten stehen dem einzelnen Sprachteilhaber als **Register** zur Verfügung: Das Bild vom Register ist der Orgel entlehnt, bei der durch das Ziehen von Registern die Klangfarbe verändert werden kann. Nicht jeder kann alle Register ziehen, aber je mehr Register man zur Verfügung hat, desto besser kann man seinen Text formulieren und desto eher wird man in einer Gesprächsrunde oder als Vortragender akzeptiert. Die Wahl eines Registers ist beeinflusst

- vom geografischen Ort, an dem man sich befindet (Dialekt),
- vom Alter des Sprechers (Kindersprache, Jugendsprache),
- von der Ausdrucksform (Alltagssprache/Umgangssprache oder Hochsprache/Schriftsprache),
- von Arbeitsfeldern und institutionellen Einbindungen (Fachsprache),
- von Textsorten und -konventionen (gesprochene/geschriebene Sprache) sowie
- von Haltungen des Sprechers/Schreibers.

Bei den Varietäten spielen sprachliche Merkmale und außersprachliche Gegebenheiten zusammen, einige können in Kombination mit anderen auftreten. Die gewählte Sprachform kann und sollte die inhaltliche Ordnung des Textes unterstützen und die Beziehungen zwischen Erkenntnissen verdeutlichen helfen, sie muss aber auch den richtigen Ton treffen.

Die Sprache einer wissenschaftlichen Arbeit soll die inhaltliche Ordnung des Textes unterstützen und die Beziehungen zwischen Erkenntnissen verdeutlichen helfen. Sie hat die Anforderungen der Schriftsprache, der Wissenschaftssprache und der Fachsprache zu erfüllen:

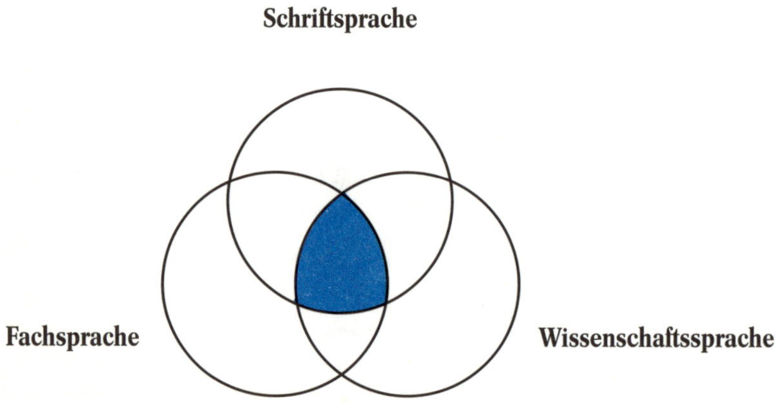

5.1.1 Anforderungen der Schriftsprache

Da ein Leser nicht nachfragen kann, muss ihm alles mitgeteilt werden, was für das Verständnis der Textaussage erforderlich ist. Sätze der Schriftsprache sollten nicht nebeneinander gestellt, sondern zueinander in Beziehung gesetzt werden. Wörter der Schriftsprache sollten das Gemeinte genau bezeichnen. Grammatische Zusammenhänge bieten hierfür eine Orientierung.

Korrektheit

Sprachlich falsche Texte, Sätze oder Wörter können für den Leser missverständlich oder ärgerlich sein. Sätze in Schrifttexten müssen vollständig sein. Der sprachliche Ausdruck sollte so treffend wie möglich sein. Die Formulierungen dürfen weder umgangssprachlich sein noch Mode- oder Füllwörter enthalten, hier können Wörterbücher eine Hilfe bieten. Die Regeln der Grammatik, der Rechtschreibung und der Zeichensetzung sind zu beachten.

Verständlichkeit

Nicht alles, was richtig ist, ist auch verständlich. Texte können so gebaut, Sätze so verschachtelt, Wörter in eine solche Abfolge gebracht werden, dass ein Leser, der die Bestandteile des Textes, den er vor sich sieht, in einen Zusammenhang bringen will, mehrere Anläufe braucht, um die Aussage nachvollziehen zu können und den Sinn zu erschließen.[31]

Die Verständlichkeit eines Textes muss aus der Perspektive des Lesers beurteilt werden: Seine Position, sein Vorwissen, sein Aufnahmevermögen sind zu bedenken. Formulierungen sollten so genau wie möglich, aber nicht genauer als nötig sein. Entsprechend sollte man vermutlich unbekannte, klärungsbedürftige Wörter so einbinden, dass ihre Bedeutung sich aus dem Zusammenhang erschließt, oder sie definieren und die Sätze übersichtlich halten (vgl. Kap. 5.2 und 5.3).

5.1.2 Anforderungen der Fachsprache

Insgesamt zeichnet sich jede Fachsprache durch hohe Funktionalität aus. Gegenstände, Begriffe, Merkmale und Verfahren werden präzise durch einen Fachbegriff ausgedrückt. Fachleute verständigen sich so untereinander schnell und genau. Fachsprachen dienen dazu, sich an der Sache orientiert und unmissverständlich zu verständigen. Häufig entwickeln die Fächer eigene Notationssysteme, z.B. die Formelsprache der Chemie oder aller mathematisch operierender Fächer sowie das ganze Notationssystem von Noten in der Mu-

31 Dieser Satz demonstriert das Gemeinte.

sik. Der wichtigste Unterschied zwischen den Fachsprachen und der Standardsprache, zwischen Fachtexten und anderen Texten, liegt darin, dass die wichtigsten Wörter in Fachtexten präzise definierte Fachbegriffe sind, die häufig Terminologiesysteme bilden. Ziel der Verwendung von Fachsprachen ist Eindeutigkeit. Sie sind daher gekennzeichnet durch:

Objektivität

Ziel eines Fachtextes ist es, eine Sache präzise und möglichst subjektunabhängig zu beschreiben.[32] Daher werden im Fachtext verschiedene Aspekte aufgezeigt, kontroverse Meinungen berücksichtigt und Quellen angegeben. Dies kommt u. a. darin zum Ausdruck, dass Zusammenhänge aufgezeigt und Quellen transparent gemacht werden (vgl. Kap. 4). Die schreibende Person nimmt sich zurück, der Text wird überwiegend passivisch formuliert, typisch sind unpersönliche Formulierungen wie

Im ersten Teil der Arbeit wird … gezeigt – Schon seit langem werden in der Forschung … untersucht. – Deutlich sei darauf hingewiesen … – Mit Nachdruck sei betont … – Es gibt … – Es findet sich … – Es ist Aufgabe dieser Untersuchung … – Schon seit geraumer Zeit vermutet man … – Man hat sich schon oft … – So lässt sich zeigen, … – Somit ist festzustellen, … – Es bleibt zu beobachten, … – Der Ansatz ist ausbaufähig. – …

Definiertheit

Ziel eines Fachtextes ist es, eine Sache eindeutig zu beschreiben. Daher werden im Fachtext neben den Wörtern der allgemeinen Sprache fachsprachliche Termini verwendet, die es erlauben, mit einem Wort fachliche Zusammenhänge zu bezeichnen.

Zum Gebrauch der Fachsprachen in Hochschultexten

Studieren heißt unter anderem, mit neuen Kenntnissen die Sprache zu erlernen, mit der sich die Fachleute verständigen. Dazu gehören Formeln und andere Notationssysteme, Zeichentechniken, schematische Darstellungen, Tabellen usw. Von Fach zu Fach ist der Umgang mit ihnen verschieden. Aber zum Gebrauch der Fachausdrücke usw. lassen sich einige allgemeine Praktiken feststellen und diesen folgend Ratschläge geben (vgl. auch Kap. 3.1).

---

32 Hierbei muss man sich klarmachen, dass jeder eine subjektabhängige Sicht auf die Dinge hat – geprägt durch Vorwissen, aber auch durch Vorlieben und Abneigungen. Wichtig ist es, sich diese Sicht bewusst zu machen und zu versuchen, sie zu relativieren. Man sollte nicht versuchen, sie gänzlich zu eliminieren, da dies zum einen nicht möglich ist, zum anderen aber auch nicht erwünscht sein kann, da oft neue Erkenntnisse gerade durch spezifische Perspektiven oder Verknüpfungen entstehen.

Reine Fachtexte (Dissertationen, Monographien, Artikel in Fachzeitschriften, Forschungsberichte) richten sich an Fachleute und darin werden Fachbegriffe ohne weitere Erläuterungen benutzt. Erläutern muss man sie nur, wenn damit in unterschiedlichen Theorien unterschiedliche Begriffsinhalte verbunden sind oder wenn man neue Begriffe oder modifizierte Begriffsinhalte selbst entwickelt.

In **einführenden Texten und Lehrwerken** werden die Fachbegriffe erläutert, wenn man sie das erste Mal einführt. Es geht darum, die noch nicht kundigen Studierenden kundig zu machen.

Fachlexika und allgemeine Enzyklopädien dienen dazu, Begriffe zu erläutern. Sie enthalten Verweise, so dass man sich ein Begriffsnetz aufbauen kann. Man sollte auch in allgemeinen Enzyklopädien wie BROCKHAUS ENZYKLOPÄDIE, MEYERS ENZYKLOPÄDIE, ENCYCLOPEDIA BRITANNICA usw. nachschlagen, die meistens ausgezeichnete Artikel zu den Grundbegriffen eines Faches mit weiterführenden Literaturhinweisen haben.

In **Referaten** muss man entscheiden, welches Vorwissen vorausgesetzt werden kann und welche Fachbegriffe im Referat eingeführt werden – und eben gerade durch das Referat vorgestellt und erläutert werden sollen. Auf jeden Fall muss man in der Lage sein, verwendete Begriffe auf Fragen hin genau zu erläutern. Gute Beispiele sind dabei genauso wichtig wie genaue Definitionen, die ihrerseits nicht auf Begriffe zurückgreifen dürfen, welche nicht verstanden werden.

In **Seminararbeiten** ist zwischen Arbeiten im Grundstudium und im Hauptstudium zu unterscheiden. Im Grundstudium wird man die meisten Fachbegriffe zu erläutern haben, denn man soll zeigen, wie man sie verstanden hat. Im Hauptstudium wird man die grundlegenden Begriffe des Faches ohne weitere Erläuterungen benutzen, denn man soll zeigen, dass man sie kennt. Spezielle Begriffe, welche Thema der Arbeit sind, werden jedoch erläutert und definiert. Man kann und sollte die Fußnoten bzw. Anmerkungen nutzen, um den Haupttext von Definitionen zu entlasten, wenn trotzdem deutlich werden soll, wie man die Fachbegriffe versteht.

In **Prüfungsklausuren** wird ähnlich verfahren wie in Seminararbeiten. Man will und soll zeigen, dass man im Studium etwas gelernt hat, dass man Fachfrau oder Fachmann ist. Aber die Fragestellung der Klausur wird nahe legen, einige für das Thema zentrale Begriffe zu definieren. Häufig ist auch genau das in einer Klausur zu leisten.

In **mündlichen Prüfungen** sollte man die Fachbegriffe einfach benutzen; man muss aber jederzeit darauf gefasst sein, dass die Prüfenden nachfragen, Definitionen oder Beispiele verlangen, das ganze Umfeld eines Begriffes thematisieren.

5.1.3 Anforderungen der Wissenschaftssprache

Ein Charakteristikum der deutschen Wissenschaftssprache ist es, dass sie einen Stil aufweist, der wenig von seinem Verfasser geprägt ist, und daher auch als *windowpane-style* bezeichnet wird (dt. etwa „Schaufensterscheiben-Stil": der Text soll - wie eine Schaufensterscheibe - die Sicht auf die Dinge nicht verzerren).[33] Die Sprache eines wissenschaftlichen Textes sollte nach diesem Ideal möglichst deutlich und unauffällig sein. So bemüht man sich

- **erzähl-frei, d.h. sachlich und emotionsfrei** zu formulieren - das Erzähl-Verbot lässt sich relativ unkompliziert durch eine entsprechende Gedankenführung (Argumentation im Großen wie im Kleinen) einhalten (vgl. Kap. 6);
- **ich-frei, d.h. möglichst objektiv** zu formulieren - das Ich-Verbot kann durch die Wahl des Passivs und den Einsatz von Passiversatzformen befolgt werden; es wirkt allerdings dort befremdlich, wo einzelne Autoren sogar sich selbst in Form einer neutralen bibliographischen Angabe zitieren: *BÜNTING/BITTERLICH/POSPIECH 2000 schreiben dazu …* (vgl. auch Kap. 4) und
- **metaphern-frei, d.h. nüchtern,** frei von sprachlichem Schmuck und kreativ-bildhaften Formulierungen zu schreiben - das Metaphern-Verbot betrifft die Formulierung, nicht die Wortwahl, da in den Terminologiesystemen vieler wissenschaftlicher Theorien Metaphern unumgänglich sind; häufig ist gerade im Zusammenhang mit abstrakten Sachverhalten die Metapher der einzige Weg der Benennung (vgl. Kap. 7).

Werden diese Anforderungen erfüllt, so ergibt sich ein Text, der weitgehend neutral und unabhängig von der Persönlichkeit seines Verfassers erscheint, in seiner Neutralität jedoch oft umständlich klingt.

Die Verwendung des Wortes ich im wissenschaftlichen Text

Wissenschaftliche Texte sind zwar von Individuen geschrieben, aber sie sind Teil der Texte der *Scientific* und *Scholary Community.* Daher nimmt sich das Individuum zurück und das ist gar nicht so einfach - schließlich hat man sich längere Zeit intensiv mit einem Thema beschäftigt. Wenn man ein Referat hält, will man zudem die Zuhörer und Zuhörerinnen mit einbeziehen, und diese Sprechperspektive kann man nicht so ohne weiteres vergessen und tilgen, wenn man die schriftliche Fassung anfertigt. Typisch für wissenschaftliche Texte sind Formulierungen wie

Das Thema dieser Diplomarbeit lautet: … In dieser Magisterarbeit geht es um die Fragestellung, … Anglizismen sind in der deutschen Werbung ohne Frage in. Eine verglei-

33 Vgl. KRETZENBACHER HEINZ L. 1992: Wissenschaftssprache. Heidelberg: Julius Groos.

chende Untersuchung ... Methoden der Inhaltsanalyse werden schon seit den 1960er Jahren für vielerlei Themen und an vielerlei Texten eingesetzt. Für das Thema ... Die Erforschung des ... hat eine lange Geschichte, aber nach den neuerlichen Funden muss man einige bisher als gesichert geltende Ergebnisse anzweifeln.

Im Vorwort bringt sich *der Verfasser* zwar durchaus als *ich* oder - bei mehreren Verfassern - als *wir* ein, aber im Haupttext eher selten.[34] Beim wissenschaftlichen Schreiben, das sachorientiert sein soll, sind Formulierungen wie *Mein Thema lautet* ... und: *Ich habe folgende Fragestellung bearbeitet* ... nicht üblich und auch nicht angebracht. Hervorzuheben ist nicht, dass ein Thema von einer Person bearbeitet wurde, sondern es sind die Aspekte eines Themas oder die wissenschaftliche Diskussion, die erörtert werden sollen. Entsprechend könnte man formulieren: *Das Thema ... ist in den letzten zehn Jahren immer wieder kontrovers diskutiert worden.* Oder: *Insbesondere die Frage nach ... ist in diesem Zusammenhang untersuchenswert.*

Beim wissenschaftlichen Schreiben stehen also Klarheit, Sachangemessenheit und Verständlichkeit im Mittelpunkt. Die Sprache - Wörter, die man wählt, und Sätze, die man baut - sollte dies unterstützen.

5.2 Die Wortebene

Wörter können verschiedenste Wirkungen erzielen - diese Aussage ist einerseits nicht ganz richtig, aber andererseits auch nicht ganz falsch. Von sich aus können Wörter natürlich gar nichts, sie sind noch nicht einmal vorhanden, wenn sie nicht von jemandem geäußert oder beim Nachdenken aktiviert werden. Erst dann können sie ihre Wirkung entfalten. Ob man diese Wirkung auf den Urheber bezieht oder nicht, spielt nur insofern eine Rolle, als man sich auf einen Urheber konzentriert oder nicht.

---

34 Mit dem Personalpronomen *ich* mit seinen grammatischen Formen *mich, mir, mein* verweist eine sprechende oder schreibende Person auf sich selbst. Das Personalpronomen *wir* mit seinen Formen *uns, unser* wird in zweierlei Weise verwendet:

1. Mehrere Autoren bringen sich selbst so in den Text ein. Dieses *wir* ist nicht so direkt wie ein *ich* und wird deshalb durchaus häufig verwendet. In diesem Buch tun wir das zum Beispiel, weil wir Sie hin und wieder direkt ansprechen wollen und auf diese Weise eine Beziehung zwischen uns als Autoren und Ihnen als Lesern und Leserinnen herstellen möchten.

2. Ein *wir* wird als pädagogisches *Wir* verwendet, das heißt, die Leser und alle Betroffenen werden einbezogen. Es handelt sich um das *Wir* der Klassenzimmer und Seminare: *Wir beschäftigen uns heute mit ... Wir schlagen jetzt Seite 25 auf ... Wir schreiben heute einen Test.* (Derjenige, der das sagt, schreibt gar nicht mit!)

5.2.1 Wörter wählen

Wörter verweisen auf Dinge in der Welt oder auf Gedanken, Begriffe usw. Dabei können sie sachlich und neutral auf etwas verweisen, so wie das Wort *Buch* auf eine bestimmte Form von Druckerzeugnissen verweist.

In wissenschaftlichen Texten haben die sachlichen Grundbedeutungen Vorrang.

Es gibt aber viele Wörter, die zusätzlich Bewertungen, Gefühle, Stimmungen ausdrücken. Die Sprachwissenschaft spricht von der sachlichen Grundbedeutung (Denotation) und den Neben- oder Mitbedeutungen (Konnotationen).

Nutzen Sie Bedeutungsbeziehungen im Wortschatz.

Die vielen Wörter des Wortschatzes sind nach ihren Bedeutungen geordnet, zum Beispiel in sinnverwandte **Synonyme** wie *Hautarzt – Dermatologe, Geräusch – Knall – Ton – Laut – Klang* ... usw. oder in **Ober- und Unterbegriffe** mit allgemeinerer und speziellerer Bedeutung wie *Baum – Laubbaum – Obstbaum – Apfelbaum – Gravensteiner.* Wenn es um den treffenden Ausdruck geht, sollte man genauer hinschauen: Natürlich kann alles Mögliche *perfekt* genannt werden, aber vielleicht passt im Einzelfall *vollendet, vollkommen, fehlerfrei, vorbildlich* besser; selbst wenn eine Sache tatsächlich *perfekt* ist, ist das mehrdeutig, denn entweder ist sie *vortrefflich* oder *abgeschlossen.*

Wie neue Wörter entstehen

Unser Wortschatz ändert sich ständig, nicht zuletzt weil ständig Wörter aus Fachsprachen in die Gemeinsprache aufgenommen werden. Mittel zur Erweiterung des Wortbestands sind:

- die **Wortbildung:** *Ozonloch, Viererabwehrkette, zitierfähig* usw.
- die **Aufnahme von Wörtern aus anderen Sprachen,** hierunter fallen sehr oft internationale Fachwörter und Abkürzungen: *Jobsharing, virtuelle Realität, Datenautobahn* (als Übersetzung des *data highway*), *Reality TV, CD-ROM (Compact Disk Read Only Memory)* usw.
- **Umdeutungen:** eben die *Datenautobahn,* auf der keine Autos fahren, oder die *Maus* im Computerzeitalter.

Nehmen Sie ein Synonymenwörterbuch zur Hand und trainieren Sie Ihren Wortschatz. Er bleibt allemal hinter dem passiven Wortschatz zurück – man versteht viel mehr Wörter, als man jemals selbst gebraucht; aber man kann trainieren, seinen aktiven Sprachgebrauch zu differenzieren und zu erweitern.

Die Wortwahl kann und sollte Gliederung und Argumentation unterstützen.

Indem Sie Wörter gezielt zusammen mit ihren Antonymen (dt. „Gegenwörtern", z.B. *Theorie – Praxis; allgemein – speziell*) verwenden und die Möglichkeiten der Wortbildung nutzen, können Sie inhaltliche Zusammenhänge auf den Punkt bringen.

Verwenden Sie also möglichst konkrete, spezielle Wörter.

Schreiben Sie nicht *Erkrankung* oder *Druckerzeugnis*, wenn Sie *Schnupfen* oder *Fachwörterbuch* meinen. Manchmal kann aber auch das allgemeinere Wort das treffendere sein: Schreiben Sie nicht *Kommasetzung*, wenn Sie *Zeichensetzung* meinen.

Machen Sie sich Ordnungen und Begriffssysteme klar.

In der Regel bildet ein Begriff zusammen mit benachbarten sowie über- und untergeordneten Begriffen ein System. Die Bedeutung des einzelnen Begriffs ergibt sich durch seine Position im System, vgl. *Akkomodation, Assimilation* und *Adaption* in PIAGETS Lerntheorie.

Wörter, die man nicht verwenden sollte:

Wählen Sie möglichst das sachliche, neutrale, präzise Wort. Vermeiden Sie

- **Hüllwörter** (Euphemismen, gr. *eufemein*, dt. „angenehme Worte reden", „günstig reden"), beschönigende Wörter wie z.B. *hat das Zeitliche gesegnet* anstelle von *ist gestorben* und ähnliche ungewollte Metaphern oder bildhafte Ausdrücke.
- **Modewörter,** Wörter, die zeitabhängig häufig gebraucht werden und oft Schlagwörter sind wie z. B. *Millennium, ultimativ, multimedial* einerseits, und **antiquierte Formulierungen** andererseits – Formulierungen, die altertümlich wirken und durch andere Konstruktionen ersetzt werden könnten, wie z.B. *Er hat der Sitzung beigewohnt. – Er hat an der Sitzung teilgenommen.*
- **floskelhafte Funktionsverbgefüge** (*zur Anwendung bringen* statt: *anwenden*) und
- **redundante Formulierungen,** banale, überflüssige Wendungen wie z.B. *ich würde sagen, man könnte hervorheben, ein strukturelles System* … (häufig sind es die Eigenschaftswörter, Adjektive, die leicht weggelassen werden können).

Verwenden Sie Adjektive überlegt.

Die Adjektive sind für jeden Text eine knifflige Wortart. Man benötigt sie zur genauen Beschreibung, aber nur präzise und genaue Adjektive sind ein gutes Stilmittel. Allerweltswörter wie *interessant, großartig, echt, toll* sollten in wissenschaftlichen Texten vermieden werden. In Fachtexten sind Adjektive häufig Fachwörter oder verdeckte Fachwörter. Man unterscheidet zum Beispiel *Organische, Anorganische, Physikalische, Technische* und *Theoretische Chemie.* Schon die Großschreibung weist die Adjektive als Teile der Begriffe aus.

Auch Partizipien (Mittelwörter) lassen sich wie Adjektive verwenden. Die Sprache bietet uns hier die Möglichkeit, das, was ein Verb inhaltlich ausdrückt, als Eigenschaft auszudrücken und dabei zugleich anzugeben, ob etwas gerade andauert und geschieht *(kochend, glühend)* oder geschehen ist *(gekocht, verglüht).*

Zum Gebrauch der Adjektive:

Angebracht ist das **typische, oft gebrauchte Adjektiv,** das ohne große stilistische Wirkung, aber Teil des üblichen Sprachgebrauchs ist: *großer Mond, silberner Mond, intelligenter Zeitgenosse, interessantes Buch,* aber auch *laues Lüftchen, steife Brise.* Gerade in Fachsprachen sind solche Adjektive zu Hause, wie die Chemiebegriffe oben zeigen. Für Beschreibungen wichtig ist darüber hinaus das **präzisierende Adjektiv.** Ein Unfallbericht z. B. muss präzise sein: Die Straße war *feucht – nass – überflutet – lehmig – glitschig von nassen Blättern – reifglatt – schneeglatt – spiegelglatt.* Das präzisierende Beiwort ist typisch für Fachsprachen. Das **schmückende Adjektiv,** das vorwiegend Gefühlswerte ausdrückt und deshalb gern im persönlichen Brief genutzt wird, sollte in Fach- und Wissenschaftstexten vermieden werden; hier gibt es keine *lang ersehnten Lösungen, großartigen Ergebnisse* oder *klasse Theorien.* In Interpretationen wird das **unerwartete Adjektiv** gebraucht, das in seiner stärksten Form zum geradezu paradoxen Oxymoron wird (gr. *oxys,* dt. „scharf", „spitz" und gr. *moros,* dt. „dumm"): *weißer Rabe, trockener Regen, beredtes Schweigen, alter Knabe.*

Adjektive bilden Steigerungsformen. Die Sprache ist hier sehr logisch: Mit Adjektiven bewertet und beschreibt man, man kann also auch vergleichen. Und dafür hält die Grammatik die Steigerungsformen zur Verfügung: *klein, kleiner, kleinste/am kleinsten – groß, größer, größte/am größten.* Zweierlei muss bei der Verwendung von Steigerungsformen beachtet werden:

- Adjektive, die absolute Werte nennen oder Formen charakterisieren, kann man nicht steigern. *Einzig* ist *einzig,* da gibt es kein *einzigstes.* Bei Wörtern wie *viereckig* oder *schwanger* käme man nicht auf solche Formulierungen, weil sie Zustände beschreiben.
- Es heißt: *so groß wie,* aber *größer als.* Im ersten Fall werden selten Fehler gemacht, aber im zweiten umso öfter. Das liegt daran, dass bei solchen Vergleichen in vielen Teilen des deutschen Sprachgebietes in regional geprägter Umgangssprache *wie* üblich ist. Aber in der Schriftsprache gilt: Es heißt *größer als.* Und auch die Doppelform *als wie* ist falsch, die zum Beispiel im Nordhessischen und Thüringischen durchaus zu hören ist.

Ziel wissenschaftlichen Arbeitens ist es, die vielfältigen Beziehungen und Ordnungen in den Phänomenen der Natur, Gesellschaft, Geschichte oder Kultur zu entdecken und zu benennen, um so auf der Basis der entdeckten Ordnungen und Regularitäten selbst neue Ordnungen zu schaffen.

Eines der wichtigsten Ordnungsprinzipien der Wissenschaft ist die Klassifikation in hierarchischen Verhältnissen.

Inwieweit solche Klassifikationen in den Phänomenen vorgegeben sind oder aufgrund theoretischer Überlegungen geschaffen werden, ist vom Fach abhängig. So werden in der Biologie Tiere und Pflanzen in große Klassen sortiert. In den Kulturwissenschaften sortiert man nach Zeitepochen und Stilrichtungen: *Barock, Rokoko, Klassik, Romantik* usw. Manchmal entstehen Probleme, neue Namen zu finden, etwa wenn die eigene Zeit schon Moderne genannt wird; so entsteht ein Begriff wie *Postmoderne*. Manche Fächer spiegeln die Ordnungsverhältnisse in ihren Terminologien wider: *Phon – Allophon – Phonem, Graph – Allograph – Graphem, Morph – Allomorph – Morphem* usw. nennt die Sprachwissenschaft nach gleichen Prinzipien definierte Einheiten bei den Lauten, Buchstaben und Wortbausteinen. Sie werden die Ordnungen in Ihrem Fach selbst kennen oder im Laufe Ihres Studiums kennen lernen.

Sehr häufig werden die hierarchischen Verhältnisse durch Mittel der Wortbildung ausgedrückt.

Es ist in wissenschaftlichen Texten (wie übrigens auch in Gesetzestexten und Verwaltungstexten) nicht einfach zu entscheiden, ob man längere Wörter gebrauchen oder sie auflösen soll. Dies umso mehr, als es sich häufig um sog. Substantivierungen (Nominalisierungen) handelt, d. h. um Nomen/Substantive, welche aus Verben oder anderen Wortarten abgeleitet wurden. Dieser **Nominalstil** hat seine Berechtigung, denn in den Wissenschaften und in Gesetzen wird das einzelne Geschehen auf den Begriff und den allgemeinen Fall gebracht, und die Begriffswörter sind nun einmal die Nomen/Substantive.

5.2.2 Zentrale Begriffe definieren

Schließt man die Recherchephase ab, ist es möglich und nötig, sich zentrale Begriffe klarzumachen und sie festzulegen, zu definieren. Gerade in studentischen Texten, seien es Hausarbeiten oder erst recht Referate, muss die jeweils bearbeitete Fragestellung durch Fachbegriffe dargestellt werden, die definiert und erläutert werden. Beim Erläutern wird man Beobachtungen oder Untersuchungen beschreiben, durch Vergleiche veranschaulichen, Beispiele geben usw. Beim Definieren gibt es verschiedene in der Logik und Wissenschaftstheorie entwickelte Definitionsweisen. Man muss das Definieren nicht erst erfinden, man muss den jeweils der Fragestellung angemessenen, im Fach üblichen Definitionsweg wählen.

Begriffe **a priori** (dt. „vom Früheren her") sind solche, die nicht auf Gegenstände der sinnlichen Erfahrung bezogen sind, sondern auf Nachdenken und theoretischen Überlegungen fußen. Sie können weder durch Erfahrung noch durch Experimente bewiesen oder widerlegt werden und werden z. B. in axiomatischen Systemen verwendet. Nach KANT sind zum Beispiel *Realität* und *Negation* begriffliche Kategorien a priori; *Raum* und *Zeit* sind nichtbegriffliche Erscheinungen a priori. *Die Würde des Menschen* ist ebenfalls ein Begriff a priori – durch nichts ableitbar, er muss nicht begründet werden.

Begriffe **a posteriori** (dt. „im Nachhinein") sind solche, die aus der Erfahrung abgeleitet werden. Zum Beispiel sind Staats- und Regierungsformen wie *Monarchie, Republik, parlamentarische Demokratie* aus der Erfahrung der Organisation des menschlichen Zusammenlebens entwickelte Begriffe.

Begriffsgeschichten sind besonders in den Geistes- und Gesellschaftswissenschaften wichtig. So wird der Begriff *Demokratie* nicht nur auf das griechische Ursprungswort zurückgeführt, sondern auf die Staats- und Regierungsform im antiken Athen einer gewissen Epoche.

Definitionen sind Festlegungen der Bedeutung eines Ausdrucks.

Ziel einer Definition, einer Begriffsbestimmung (lat. *definire*, dt. „abgrenzen, bestimmen") ist es, einen Begriffsinhalt treffend zu charakterisieren. Daher besteht eine Definition aus dem Begriffsnamen und der Festsetzung des Begriffsinhalts.

Definieren Sie zentrale Begriffe bei ihrer ersten Nennung.

Und kennzeichnen Sie sie durch eine geeignete Hervorhebung (etwa: fett). Jede Fachsprache hat ihre Fachbegriffe. Sie haben eine genau definierte Bedeutung im Rahmen des jeweiligen Faches. Jeder, der diesen Fachbegriff benutzt, benutzt ihn mit genau dieser präzisen Bedeutung. Beim Fachbegriff ist es wichtig, zwischen Begriffsinhalt und Begriffsnamen zu unterscheiden und den Begriffsnamen als solchen zu kennzeichnen. Die Begriffsinhalte sind es, die definiert, in ihrer Bedeutung festgelegt sind. Damit unterscheiden sich Begriffe von den übrigen Wörtern der Sprache. Wenn ein Fach eine lange Tradition hat, kann es mehrere Begriffsnamen geben, die dasselbe bezeichnen.[35]

---

35 Dazu zwei Beispiele: In der Sprachwissenschaft hat man z. B. für Wortarten konkurrierende Begriffe, einmal die lateinische Begrifflichkeit und einmal die deutsche, also *Verb* oder *Tätigkeitswort/Tuwort/Zeitwort, Adjektiv* oder *Eigenschaftswort/Wiewort;* aber auch konkurrierende Begriffe der lateinischen Begrifflichkeit *Nomen/Substantiv* usw. In Berufssprachen gibt es regionale Unterschiede, das sieht man schon an Berufsbezeichnungen wie *Klempner* oder *Spengler*. Der Begriffsinhalt ist jeweils derselbe, die Begriffsnamen sind unterschiedlich. Sehr häufig sorgen allerdings Berufsgenossenschaften oder sogar DIN-Normenausschüsse dafür, dass Begriffsinhalt und Begriffsname festgelegt werden.

Im Text muss man auf die synonyme Verwendung mehrerer Termini hinweisen oder sich für einen Begriffsnamen entscheiden.

Begriffsnamen sind häufig bildhaft (etwa: *goldener Schnitt, Finanzierungslücke*), oft werden aber auch Wörter aus dem Griechischen, Lateinischen und/oder Englischen gewählt. Die Wissenschaftssprache des Mittelalters bis weit in die Neuzeit hinein war Latein, wobei man im Lateinischen selbst wiederum häufig auf das Griechische zurückgriff. Diese Begriffsnamen haben zwei große Vorteile für die wissenschaftliche Verständigung:

- Sie sind international, wenn auch in verschiedenen Ländern der Rechtschreibung und Grammatik dieser Sprachen angepasst: *Kapital* - *capital* (Englisch) - *capital* (Französisch) - *capitale* (Italienisch) - *capital* (Spanisch) - *kapital* (Polnisch).
- Solche Wörter sind zwar in den Ursprungssprachen sog. „sprechende Begriffsnamen", aber da man diese Sprachen nicht für den normalen Text benutzt, erkennt man den Fachterminus sofort als solchen: *Phon* heißt im Griechischen „Laut", aber das weiß nur derjenige, der sich um die Etymologie (sprachliche Herkunft) dieses Wortes bemüht.

Bei Begriffsnamen aus der deutschen Sprache weiß man nicht unbedingt sofort, sondern nur aus dem Zusammenhang, ob der Fachbegriff gemeint ist oder das Wort in einer seiner Bedeutungen, so wenn vom *Besitzer* gesprochen wird, der aber juristisch ganz und gar nicht der *Eigentümer* sein muss, obwohl man das in der Standardsprache so versteht.

Definition

Eine Definition ist eine Gleichsetzung des Begriffs mit den zur Bestimmung herangezogenen Erklärungen und Hinweisen. Definitionen werden deshalb sprachlich häufig mit dem Verb sein in der Form *Ein X ist* ... ausgedrückt. Technisch: Ein **Definiendum** (zu Definierendes) wird durch ein **Definiens** (das Definierende) erklärt; eines ist jederzeit durch das andere ersetzbar. Da im Definiens häufig längere Erklärungen, eine Reihe von Merkmalen o. Ä. erscheinen, ist der Begriff zugleich eine Zusammenfassung und dient der schnellen, präzisen und ökonomischen Verständigung.

Wenn Merkmale und Eigenschaften genannt werden, dann nicht alle denk-, wahrnehm- oder durch Experiment ermittelbaren, sondern nur die wesentlichen. Insofern ist ein Begriff immer auch eine Verallgemeinerung, eine Abstraktion, und die Begriffsbildung ein Prozess des Abstrahierens.

5.2.3 Die geeignete Definitionsweise nutzen

In den Fächern sind verschiedene Definitionsweisen üblich: Abhängig von Fachdisziplinen, vom zu definierenden Phänomen oder Begriff gibt es nicht wenige unterschiedliche Definitionsweisen und -regeln. In den Einführungskursen und Propädeutika der Fächer werden diese Techniken zwar gewöhnlich behandelt, aber nicht selten wird die Erklärung der Formalia verbunden mit der Einführung in Grundlagenwissen. Als Studierender ist man häufig vollauf mit dem Sachwissen beschäftigt und achtet nicht auf die abstrakten Formalia der Begriffsdefinition. Als Beispielbereich für die Definitionen dient im Folgenden das Schachspiel. Bei diesem Spiel lassen sich alle unterschiedlichen Definitionsweisen gut vorführen. Wie wichtig es ist, zwischen dem **Begriffsnamen** und dem **Begriffsinhalt** zu unterscheiden, kann man gerade am Schachspiel sehen:

Der Begriffsinhalt für die beiden Schachfiguren *Läufer* ist durch ihre Aufstellung neben *Dame* bzw. *König*, einer jeweils auf *weißem Feld* und einer auf *schwarzem Feld*, und durch die Zugregel *diagonal* festgelegt; die Begriffsnamen *schwarzer Läufer* und *weißer Läufer* werden nun aber nicht durch die Figurenfarbe festgelegt, sondern durch die in der Diagonale jeweils zur Verfügung stehenden Felder, d. h., es gibt auch einen *schwarzfarbigen weißen Läufer* und einen *weißfarbigen schwarzen Läufer*. Alle anderen Figuren werden immer nach der Figurenfarbe benannt: *weißer* und *schwarzer König*, *weiße* und *schwarze Dame* usw.

Hinweisende (ostensive) Definition

In schriftlichen Arbeiten kommen die hinweisenden Definitionen in Abbildungen vor, obwohl Abbildungen meist zusätzlich zu einer sprachlichen Beschreibung eingesetzt werden, um zu veranschaulichen.

Dies ist ein Schachbrett.

Sprachliche (diskursive) Definition

Hier wird das abbildbare äußere Erscheinungsbild sprachlich beschrieben.

Beispiel: *Ein Schachbrett besteht aus 8 mal 8 quadratischen Feldern, die jeweils abwechselnd schwarz und weiß eingefärbt sind.*

Alle im Folgenden beschriebenen Definitionstypen sind diskursive Definitionen.

Worterklärung

Dieser Definitionstyp heißt oft auch „Nominaldefinition“, weil hier auf den Begriffsnamen hin definiert oder von ihm ausgegangen wird. Hier gibt es zwei Typen:

Zum einen kann eine Sache durch die Herkunft ihres Begriffsnamens, d. h. wortgeschichtlich erklärt werden.

Beispiel: *Das Schachspiel stammt aus Indien; der Name kommt aus dem Persischen sâh und bedeutet „Herrscher, König“ wie noch heute das Wort „Schah“.*

Hier wird besonders deutlich, dass nicht jeder Definitionstyp für jeden Fall geeignet ist – sehr oft gibt die Herkunft und Bedeutung eines Wortes keinerlei Aufschluss über die bezeichnete Sache bzw. den bezeichneten Sachverhalt.

Zum anderen kann man eine Erscheinung oder Sache mit einem wörtlich passenden Wort benennen und es damit erst zum Begriff machen.

Beispiel: *Die größte Figur ist der König, die zweitgrößte die Dame; es folgen die Offiziere: je zwei Läufer, zwei Springer (auch Pferde oder Rössl genannt, und so sehen sie auch aus) und zwei Türme, schließlich acht Bauern.*

Aber auch das *Schachbrettmuster* ist begrifflich beschreibend benannt.

Oberbegriff und unterscheidende Merkmale

Dieser Definitionsweg dient der Einordnung in ein System von Begriffen bzw. Phänomenen. Dabei wird ein Oberbegriff eingeführt und anschließend werden einzelne, genauere Merkmale ergänzt, die das Definierte von anderem unterscheiden, was unter den Oberbegriff fällt. In einer solchen Definition wird auf die Sache, auf Realien, verwiesen. Deshalb nennt man sie – im Gegensatz zur Nominaldefinition – Realdefinition.

Beispiel: *Schach ist ein strategisches Brettspiel für zwei Personen. Ziel des Spiels ist es, den gegnerischen König „matt“ zu setzen.*

Definition durch Aufzählung von Elementen (extensionale Definition)

Es ist außerdem möglich, einen Begriff durch die Aufzählung einzelner Elemente oder deren Nennung nach gezählter Menge zu definieren.

Beispiel: *Jeder Spieler hat 16 Spielfiguren (einen König, eine Dame, je zwei Läufer, Türme und Pferde sowie 8 Bauern), einer alle weißen und einer alle schwarzen.*

Definition nur nach Eigenschaften (intensionale Definition)

Man erklärt eine Sache nur mit Eigenschaften; wiederum wird man nur solche einführen, die dem Verständnis dienen.

Beispiel: *Das Pferd kann springen.*

Handlungsanweisungen (operationale Definition)

Dieser Typ der Definition kommt besonders häufig in Spielanleitungen und Gebrauchsanweisungen vor.

Eine Handlungsanweisung ist z. B. die Regel *berührt – geführt;* sie bedeutet: Wenn ein Spieler eine Figur angefasst hat, muss er einen Zug mit dieser Figur ausführen.

5.2.4 Form und Funktion von Definitionen bedenken

Definitionen dienen dazu festzulegen, was mit einem bestimmten Fachwort bezeichnet werden soll. Dies ist im Einarbeitungsprozess für das Verständnis von gelesenen Texten ebenso wichtig wie im Schreibprozess für die Nachvollziehbarkeit des zu schreibenden Textes. Grundsätzlich lassen sich zwei unterschiedliche Einsatzmöglichkeiten für Definitionen unterscheiden:

a) feststellende Definitionen, die sich auf eine anerkannte Bedeutung beziehen, und

b) festsetzende Definitionen, die die Verwendung eines Wortes (für den Rahmen einer Arbeit, einer Theorie) bestimmen.

Obwohl es oft erst am Ende einer Arbeit möglich ist, eine zentrale, genaue, sichere und schlüssige Definition zu entwickeln, ist es üblich, mit einer Definition (oder einer Konfrontation von vorhandenen Definitionen) zu beginnen. Diese kann dazu genutzt werden, den eigenen Ansatz und das eigene Verständnis eines Sachverhalts von Auffassungen anderer abzugrenzen oder sich der Sichtweise anderer anzuschließen.

In der Philosophie und anderen Fächern, besonders in Erkenntnistheorie und Logik, werden noch weitere Unterscheidungen wichtig:[36]

Syntaktische Definitionen legen fest, wie Zeichen zu gebrauchen sind, ohne eine Bedeutung zu bestimmen. Das geschieht z. B. in logischen Kalkülen oder mathematischen Formeln: *a hoch 0 gleich eins* ($a^0 = 1$).

---

36 Vgl. zum Folgenden SCHISCHKOPF, GEORGI (Hrsg.) 1957: Kröners Philosophisches Wörterbuch. Stuttgart: Kröner, 29 f. und BRUGGER, WALTER 1951: Philosophisches Wörterbuch. Freiburg: Herder, 19.

Semantische Definitionen geben die Bedeutung an, z. B.: *Ein Axiom ist ein Satz, der nicht bewiesen werden kann und nicht bewiesen werden muss, da er unmittelbar als richtig einleuchtet; er dient als Grundsatz für alle anderen aus ihm folgenden oder ableitbaren Sätze.*

Analytische Definitionen definieren einen vorgegebenen Begriff durch Zergliederung. Die intensionale Definition über Merkmale ist eine analytische Definition.

Synthetische Definitionen dienen dazu, einen Begriff zu entwickeln. Extensionale Definitionen sind synthetische, da hier der Begriff aus einzelnen Elementen zusammengesetzt wird.

5.3 Die Satzebene

KURT TUCHOLSKY parodiert in seinen „Ratschlägen für einen schlechten Redner" die Satzbaukünste schlechter Redner und stellt ihnen die „Ratschläge für einen guten Redner" gegenüber:

> **Ratschläge für einen schlechten Redner**
>
> „[...] Sprich mit langen, langen Sätzen – solchen, bei denen du, der du dich zu Hause, wo du ja die Ruhe, deren du so sehr benötigst, deiner Kinder ungeachtet, hast, vorbereitest, genau weißt, wie das Ende ist, die Nebensätze schön ineinandergeschachtelt, so daß der Hörer, ungeduldig auf seinem Sitz hin und her träumend, sich in einem Kolleg wähnend, in dem er früher so gern geschlummert hat, auf das Ende solcher Rede wartet [...]"
>
> **Ratschläge für einen guten Redner**
>
> „Hauptsätze, Hauptsätze, Hauptsätze. Klare Disposition im Kopf – möglichst wenig auf dem Papier. Tatsachen, oder Appell an das Gefühl. Schleuder oder Harfe. Ein Redner sei kein Lexikon. Das haben die Leute zu Hause. Der Ton einer einzelnen Sprechstimme ermüdet; sprich nie länger als vierzig Minuten. Suche keine Effekte zu erzielen, die nicht in deinem Wesen liegen. Ein Podium ist eine unbarmherzige Sache – da steht der Mensch nackter als im Sonnenbad. Merk Otto Brahms Spruch: Wat jestrichen is, kann nich durchfalln."[37]

Kurze Sätze und Satzreihen lesen sich besser und lassen sich beim Zuhören besser verfolgen als Schachtelsätze. In einer Rede sind Kurzsätze (grammatisch: Satzellipsen) wirkungsvoll, wie TUCHOLSKY es vormacht.

37 TUCHOLSKY, KURT 1965: Ausgewählte Werke. Reinbek bei Hamburg: Rowohlt 1965, 187–189 (alte Rechtschreibung). TUCHOLSKYS Ratschläge sind für Redner und nicht für Schreiber gedacht, aber der Kontrast zwischen dem Schachtelsatz und den knappen Kurzsätzen ist dennoch beeindruckend. OTTO BRAHM war übrigens ein um die Jahrhundertwende berühmter und einflussreicher Berliner Theaterkritiker und Theaterdirektor.

5.3.1 Grammatische Zusammenhänge nutzen

Sprachliche Äußerungen und damit Sätze sind zunächst eine linear geordnete Folge von Wörtern. Das liegt daran, dass Sprache durch unsere Sprechwerkzeuge wahrnehmbar gemacht wird, und die können wir, um verschiedenartige Laute zu produzieren, nur nacheinander einsetzen, nicht gleichzeitig. Die Ordnung der Sätze ist jedoch auch eine hierarchische Ordnung, welche in unterschiedlicher Weise in die lineare Abfolge eingebaut werden kann.

Je nachdem, wie man die Hierarchie in der Abfolge unterbringt, ist ein Text mehr oder weniger gut zu verstehen.

Dabei ist der einfach gebaute Satz immer gut zu verstehen, aber in einer Reihe einfach gebauter Sätze kann man komplexe Sachverhalte nicht in gleicher Dichte ausdrücken wie in komplexeren Mustern. Diese kann man jedoch so gestalten, dass sie ebenfalls gut zu verstehen sind.

Wie man Satzgefüge so baut, dass sie verständlich bleiben, und was man vermeiden sollte, damit sie nicht zu verschachtelt werden, wird uns im Folgenden beschäftigen.

Sätze bestehen aus Wörtern, die nach den Regeln der Grammatik zueinander in Beziehung gesetzt sind.

Die Wörter als solche sind allerdings nicht die Bausteine der Sätze, sondern bilden Satzglieder. Satzglieder bestehen aus einem oder mehreren Wörtern und können umgestellt und ausgebaut werden:

Vögel singen morgens. Morgens singen Vögel. Die meisten Vögel singen im Frühling morgens bereits vor der Morgendämmerung ihren Reviergesang.

Ein Satzglied kann man nicht ausbauen: das Prädikat, denn es enthält nur das Verb, das allerdings aus mehreren Teilen bestehen kann. Ein mehrteiliges Prädikat kann eine Satzklammer bilden, die man gar nicht, mit wenigen oder vielen Wörtern füllen kann. In jedem Fall strukturiert diese Klammer den Satz:

Die meisten Vögel <u>werden singen</u>. Die meisten Vögel <u>werden</u> morgens <u>singen</u>. Die meisten Vögel <u>werden</u> im Frühling morgens bereits vor der Morgendämmerung ihren Reviergesang <u>singen</u>. Die meisten Vögel <u>pflegen</u> im Frühling morgens bereits vor der Morgendämmerung <u>zu singen</u>. Die meisten Vögel <u>haben</u> im Frühling morgens bereits vor der Morgendämmerung <u>gesungen</u>.

Das Prädikat ist der wichtigste Eckpfeiler im Satz, um den herum die anderen Satzglieder geordnet werden. Wenn wir von Fragesätzen *Singst du auch?* und Aufforderungssätzen

Sing doch mit! absehen, steht an der zweiten Stelle im Satz das Verb oder das Hilfsverb mit den grammatischen Angaben (den jeweiligen Personalendungen), die es mit dem Subjekt des Satzes verbinden:

Die Vögel singen morgens ihren Reviergesang. Morgens singen die meisten Vögel ihren Reviergesang. Der Gartenrotschwanz singt meistens zuerst. Zuerst singt meistens der Gartenrotschwanz.

Die Stelle vor dem Verb sollte man nutzen, wenn man etwas Besonderes hervorheben will.

Vor dem Verb steht normalerweise entweder das Subjekt oder eine Zeitangabe, wie in den Beispielsätzen oben zu sehen war. Wenn ein anderes Satzglied als das Subjekt oder eine Zeitangabe nach vorn gestellt wird, wird dieses hervorgehoben:

Ihren Reviergesang singen die meisten Vögel morgens bereits vor der Dämmerung. Bereits vor der Dämmerung singen die meisten Vögel morgens ihren Reviergesang.

Die Nomen haben ihre eigene strukturierende Kraft.

Neben den Verben sind die Nomen/Substantive die wichtigste Wortart des Wortschatzes und der Texte. Das gilt insbesondere für Fachtexte, weil die Nomen/Substantive die Begriffswörter sind. Die Nomen/Substantive können in alle Satzglieder außer in das Prädikat eingebaut werden. Und: In den Objekten, auf die das im Verb ausgedrückte Geschehen zielt, muss ein Nomen oder ein dieses ersetzendes Pronomen stehen:

Die meisten Vögel singen einen Reviergesang. Der Gartenrotschwanz beginnt seinen Gesang/ihn zuerst.

Gewöhnlich steht beim Nomen ein Artikel, welcher das grammatische Geschlecht, den Fall und den Numerus (Einzahl/Mehrzahl) anzeigt, ggf. zusammen mit einer Endung und einem Umlaut: *der Gartenrotschwanz – des Gartenrotschwanzes – die Gartenrotschwänze.* Der Artikel kann auch durch ein Pronomen ersetzt werden: *unser Gartenrotschwanz …*

Die Nomen/Substantive können durch Attribute näher bestimmt werden.

Man kann, wenn man vorangestellte und nachgestellte Attribute nutzt, viele Informationen zu einem Begriff geben. Insbesondere kann man hinten sehr viel anfügen, weil ja das Bezugsnomen genannt und somit bekannt ist. Allerdings sollte man versuchen, nicht zu viele nominale Gruppen anzufügen:

Der Reviergesang der Singvögel im Frühling und in den ersten Sommermonaten noch vor Sonnenaufgang in unseren Gärten und Feldern …

Das ist fast zu viel, wenn auch der Bezug aller Angaben auf den Gesang klar ist; man wartet auf das Verb, das die Satzaussage einleitet und strukturell der Angelpunkt des Satzes ist.

Artikel bzw. Pronomen und Nomen/Substantiv bilden eine Klammer, in die Attribute eingebaut werden können.

Artikel oder Pronomen öffnen für das Strukturgedächtnis die Klammer; man weiß beim Zuhören oder Lesen, dass da noch ein Bezugsnomen kommt:

Der vom Frühjahr bis in die Sommermonate hinein frühmorgens bereits vor Sonnenaufgang zu hörende Reviergesang ...

Diese Klammer wird gerade in wissenschaftlichen Texten oft überladen, und das Gehirn muss zu viele Informationen verarbeiten, ohne zu wissen, worauf sie sich eigentlich beziehen:

Der vom Frühjahr bis in die Sommermonate hinein frühmorgens in unseren Gärten, Feldern und Wäldern als Lockgesang zum Anlocken der Weibchen oder nach der Paarung als Kontaktgesang des Elternpaares der jungen Vögel zu hörende Reviergesang ...

Hier sollte man die Möglichkeit nutzen, Attribute nachzustellen:

Der vom Frühjahr bis in die Sommermonate hinein frühmorgens in unseren Gärten, Feldern und Wäldern zu hörende Reviergesang, der als Lockgesang zum Anlocken eines Weibchens dient oder nach der Paarung als Kontaktgesang des Elternpaares der jungen Vögel ...

Die Klammer zwischen Artikel und Nomen/Substantiv sollte man für Charakterisierungen nutzen, aber nicht überladen. Man kann Attribute auch nachstellen.

Aus Sätzen können Satzreihen oder Satzgefüge entstehen.

In geschriebenen wissenschaftlichen Fachtexten wird man oft komplexere Sätze benötigen. Satzreihen entstehen, indem gleichgeordnete Sätze aneinander gereiht werden. Diese können mit Konjunktionen oder Adverbien verbunden werden, die zugleich logische Verknüpfungen angeben.

In Satzgefügen aus übergeordnetem Hauptsatz und untergeordneten Gliedsätzen kann man einen Spannungsbogen aufbauen, insbesondere, wenn man mit dem untergeordneten Gliedsatz beginnt. Die Gliedsätze werden durch Konjunktionen oder Relativpronomen eingeleitet, welche wiederum logische oder syntaktische Beziehungen ausdrücken. Damit sie gut zu verstehen sind, müssen Satzgefüge, die aus einem übergeordneten Hauptsatz und einem oder mehreren untergeordneten Gliedsätzen bestehen, sorgfältig gebaut werden. Wenn der Leser oder Zuhörer am Satzanfang Wörter wie *wenn, obwohl, weil, als, bevor, nachdem* … wahrnimmt, weiß er, dass ein übergeordneter Satz folgen wird. Zu den Leistungen der Konjunktionen als Mittel der sprachlichen Gliederung vgl. Kap. 6.3.

5.3.2 Verständliche Sätze bauen

Sätze entstehen im Zusammenspiel zwischen der Wahl der Wörter und ihrer grammatischen Funktion. Die Sprache bietet unendlich viele Möglichkeiten des Ausdrucks, Formulieren ist daher oft ein mehrfaches Umformulieren. Wenn es darum geht, einen Gedanken zu Papier zu bringen bzw. einen Sachverhalt auszudrücken, hat man oft die Qual der Wahl. Wer beispielsweise schreiben möchte, dass sein Computer auf dem Schreibtisch steht, könnte dies in unterschiedlichen Formen tun. Unter anderem so:

Drüben.
Meiner steht im Arbeitszimmer.
Der PC steht drüben.

Der Computer, den ich vergangenen Monat gekauft habe, befindet sich auf meinem Schreibtisch.
Ich habe ihn nebenan stehen.
Der Computer – ein Apple G4 – ist im Arbeitszimmer.

Wörter und Wortgruppen können auf verschiedene Weisen zu Sätzen kombiniert werden. Aufeinander abgestimmte Satzfolgen bilden den Text. Selten sind Formulierungsalternativen völlig gleichwertig. Formulierungen können sich im Grad ihrer Differenziertheit einerseits und in ihrem Umfang andererseits unterscheiden. Sowohl zu viel als auch zu wenig Information beeinträchtigt die Verständlichkeit eines Textes. Insbesondere gestelzt klingende, umständliche Formulierungen wie *bedarf der Überarbeitung* sollte man besser umformulieren in: *muss überarbeitet werden, ist zu überarbeiten.* Schauen wir uns im Folgenden die Möglichkeiten der Überarbeitung einer Rohfassung etwas genauer an.

Eine Formulierung kann durch die Wahl eines anderen Satzmusters variiert werden, etwa:

Ich habe den Computer auf dem Schreibtisch stehen.
Der Computer steht auf dem Schreibtisch.

Aber auch innerhalb eines Satzmusters ist es möglich, alternative Formulierungen zu finden, indem Wörter vertauscht oder durch andere ersetzt werden, Wörter hinzugefügt oder ausgelassen werden, Sätze miteinander verbunden oder auf mehrere Sätze aufgeteilt werden.

Im Satz können Sie Elemente vertauschen.

Für die Wortfolge im Satz gibt es eine normale, neutrale Folge, in der das Subjekt an erster Position steht:

Der Computer steht auf dem Wohnzimmertisch.

Ich habe den Rechner dort drüben stehen.

Wenn Sie in einem Satz die Reihenfolge der Wörter verändern, dient dies in der Regel der Hervorhebung eines Elementes:

Auf dem Wohnzimmertisch steht der Computer.

Dort drüben steht der Rechner.

Dort habe ich den Rechner abgestellt. Abgestellt habe ich den Rechner dort.

Den Rechner habe ich dort abgestellt.

Das Element, das an erster Position steht, wird besonders betont und damit in einen Kontrast zu anderen Möglichkeiten gestellt:

auf dem Wohnzimmertisch und nicht *auf dem Schreibtisch,*

dort und *nicht hier,*

den *Rechner* und nicht die *Schreibmaschine.*

Im Satz können Sie Elemente durch andere ersetzen.

Im Satz können auch Wörter oder Wortgruppen durch andere ersetzt werden. Beim Ersetzen werden sinnverwandte Wörter ausgetauscht, der Blick in ein Synonymenwörterbuch kann hier – in der Überarbeitungsphase – sehr hilfreich sein. Nimmt man in der Schreibphase ein solches Buch zur Hand, kann das oft kontraproduktiv werden: Es fällt einem nichts mehr ein, man schlägt nur noch nach. Die Wahl eines anderen Wortes ermöglicht die Spezifizierung oder Verallgemeinerung:

Ein Computer steht auf dem Schreibtisch.

Ein Apple G4 steht auf dem Schreibtisch.

Mein Apple G4 steht auf dem Schreibtisch.

Wenn zuvor im Text über den Computer oder den Apple geschrieben wurde, sind auch die Alternativen

Er steht auf dem Schreibtisch.

Meiner steht auf dem Schreibtisch.

möglich. Hier werden Nomen durch Pronomen (Fürwörter) ersetzt.

Eventuell muss dann, wenn eine Einzahlform durch eine Mehrzahlform ersetzt wird, das Prädikat angepasst werden:

Die Belegschaft hat alles gegeben.

Die Frauen und Männer haben alles gegeben.

Das Ersetzen verändert das Satzmuster nur dann, wenn ein neues Prädikatsverb gewählt wird, das andere Ergänzungen benötigt:

abstellen – Ich habe den Computer im Flur abgestellt.

stehen – Der Computer steht im Flur.

Sie können einen Satz durch zusätzliche Elemente ergänzen.

Um eine Aussage zu präzisieren, kann ein Wort im Satz durch eine Beifügung (ein Attribut) ergänzt werden. Bei den Ergänzungen kann es sich um Wörter, Wortgruppen oder Nebensätze handeln:

Mein Computer steht auf dem Schreibtisch.

Mein neuer Computer steht auf dem Schreibtisch.

Mein gestern gekaufter Computer steht zu Hause auf dem Schreibtisch.

Mein neuer Computer, den ich gestern gekauft habe, steht zu Hause auf dem Schreibtisch vor dem Fenster.

Zu viele Ergänzungen überfrachten einen Satz und machen ihn holprig. Vermeiden Sie deshalb insbesondere Ergänzungen, die

- nicht-sinnvoll sind: Die Ergänzung *vor dem Fenster* ist hier nur dann sinnvoll, wenn es mehrere Schreibtische in der Wohnung gibt, von denen nur einer vor einem Fenster steht; oder
- bedeutungsgleich oder bedeutungsähnlich sind: Im Beispiel bezeichnen *neu* und *den ich gestern gekauft habe* ein und dasselbe. Ähnlich wirken auch die Doppelkennzeichnungen vom Typ *kleines schwarzes Räppchen* (sog. „Pleonasmen“).

Sie können Elemente aus dem Satz tilgen.

Um eine Aussage zu präzisieren, sollten überflüssige Wörter getilgt werden:

Mein neuer Computer ist unwahrscheinlich schnell.

Mein neuer Computer ist ~~unwahrscheinlich~~ schnell.

Oft gibt es mehrere Möglichkeiten, Sätze zu kürzen. Insbesondere bedeutungsähnliche Formulierungen und Einschübe, die für die Textaussage unwesentlich sind, sollten ersatzlos gestrichen werden:

Mein ~~neuer~~ Computer, ~~den ich gestern gekauft habe,~~ steht ~~bei mir~~ ~~zu Hause~~ auf dem Schreibtisch ~~vor dem Fenster~~.

Sie sollten Sätze miteinander verbinden.

Damit aus Sätzen ein Text entsteht, sollten diese nicht nur isoliert nebeneinander gestellt, sondern miteinander verbunden werden. Es ist wichtig, gedankliche Verbindungen sprachlich zu unterstützen:

Ich habe einen Computer gekauft. Ich arbeite gern und viel am Computer.

Seit ich einen Computer gekauft habe, arbeite ich gern und viel.

Weil ich einen neuen Computer habe, arbeite ich gern und viel damit.

Weil ich gern und viel am Computer arbeite, habe ich mir einen neuen gekauft.

Man kann und sollte nicht voraussetzen, dass der Leser zwei nebeneinander stehende Sätze auf genau die eine Weise gedanklich verknüpft, die der Schreiber gemeint hat. Daher sollte man Sätze mit Hilfe von Konjunktionen und Pronomen bzw. Pronominaladverbien so verbinden, dass ein Satzgefüge entsteht (vgl. dazu Kap. 6.3).

Sie sollten kompakte Sätze aufteilen.

Sätze können viele Informationen enthalten und verschachtelt gebaut sein. Im Interesse des Lesers sollte man sie entzerren, indem man den Inhalt eines komplexen Satzes auf zwei oder mehrere Sätze verteilt. Die Rohfassung eines Textes kann solche Sätze enthalten, die zu überarbeiten sind.

Rohfassung: *In dieser Arbeit werden im Anschluss an die Darstellung der historischen Entwicklung wesentliche Aspekte des menschlichen Zeitempfindens erörtert, bevor am Beispiel des Großstadtmenschen im Jahr 2000 Probleme der Postmoderne insbesondere daraufhin untersucht werden, inwieweit sie sich durch die modernen Medien begründen lassen.*

Überarbeitung: *Ziel dieser Arbeit ist die Untersuchung der Frage, ob die modernen Medien den Umgang mit der Zeit beeinflussen. Um die Situation im 20. Jahrhundert beschreiben zu können, werden in einem historischen Überblick die wesentlichen Etappen der Entwicklung des Zeitempfindens dargestellt. Anschließend wird der Tagesablauf eines Durchschnittsmenschen im Jahr 2000 exemplarisch analysiert.*

Kapitel 6:

Argumentieren und gliedern

Bevor Sie mit dem Schreiben beginnen können, müssen Sie die Reihenfolge festlegen, in der Sie Ihr Thema darstellen wollen – Sie brauchen eine Gliederung. Um diese erstellen zu können, müssen Sie das Material analysieren, die Struktur des Themas erarbeiten. Auf der Grundlage der Themenstruktur können Sie den Gang der Argumentation durchspielen, themen- oder teilthemenspezifische Argumentationsprinzipien erkennen, das geeignete Argumentationsmuster bestimmen und ein darauf abgestimmtes Gliederungsschema festlegen.

Man kann in einem Text nicht alles, was ein Thema bietet, zur Sprache bringen. Daher wird in diesem Kapitel gezeigt, wie Sie das Schreiben Ihres Textes vorbereiten können. Sie sollten Begriffe klären und differenzieren, eine Auswahl treffen: Charakteristisches hervorheben, Bezüge herstellen, dabei auf etwaige Widersprüche achten, Argumentationszusammenhänge beachten und vorläufige Antworten auf Ihre Fragestellung skizzieren. Prinzipien der Argumentation bestimmen den Gesamtaufbau eines Textes, den roten Faden: die Anordnung der Kapitel und Unterkapitel, die Folge von Abschnitten und Absätzen sowie die Satzfolge.

Die inhaltliche Struktur Ihres Textes entspricht einem – abhängig vom Thema mehr oder minder feinmaschigen – Netz, das Zusammenhänge unterschiedlicher Art abbildet: Über- und Unterordnungen, Nebenordnungen, Gegensatzbeziehungen, Ursache-Folge-Beziehungen, Teil-Ganzes-Verhältnisse, Vorher-nachher-Verhältnisse u. Ä. Eine Argumentation darf sachlogische Zusammenhänge nicht unterlaufen, sondern muss sie unterstützen und verdeutlichen.

6.1 Den Gang der Argumentation bestimmen

Man argumentiert, um einen Gedankengang nachvollziehbar zu machen. Das lateinische Wort *arguere* wird auch mit „erhellen", „veranschaulichen" ins Deutsche übersetzt. An der Wortbedeutung wird deutlich, was eine Argumentation soll (und vielleicht auch, was sie nicht soll). Argumentation findet also immer dann statt, wenn man jemanden von etwas überzeugen will, aber auch dann, wenn man jemandem etwas erklären will. Eine Argumentation dient dazu, eine Aussage zu verdeutlichen – und nicht dazu, mehr oder minder brillant zu verbergen, dass ein Text keine Aussage hat. Eine Argumentation ist nur dann sinnvoll, wenn sie überschaubar, nachvollziehbar und überzeugend, d. h. einleuchtend begründet ist. Entsprechend muss man anschaulich und deutlich argumentieren und formulieren, indem man versucht, den Leser schrittweise mit dem Textthema vertraut zu machen und ihn in die Textwelt einzuführen. Entscheidend kommt es dabei darauf an, sich in die Gedankenwelt des Lesers einzufühlen. Eine Argumentation muss sowohl den Textinhalt als auch das Textziel und den Textverlauf unterstützen.

Der Verlauf einer Argumentation ist immer vom Thema und von der Textsorte abhängig. Um zunächst einen groben Textverlauf festzulegen, sollte man die folgenden sechs Fragen klären:

- Was ist das Textziel? Das Textziel, die Aussageabsicht wird von der Textsorte mitbestimmt.
- Was ist der Textinhalt? Der Textinhalt, das Thema kann von der Textsorte beeinflusst sein. Die Eingrenzung eines Inhalts, Art der Behandlung eines Themas bzw. der Weg, auf dem eine Aussageabsicht erreicht werden kann, ist abhängig von der spezifischen Fragestellung, die zu untersuchen ist, bzw. von der Art der Mitteilung, die zu machen ist.
- Was gehört nicht (mehr) zum Textinhalt, was soll definitiv nicht behandelt werden? Auch die Elemente außerhalb dieser Grenze sollte man ausdrücklich benennen, um nicht zu weit zu gehen und sich zu verzetteln. Die Argumentation soll klar auf das Textziel hin ausgerichtet sein.
- Welche Teile des Textinhalts gehören wie zusammen, wie ist die Struktur des Themas? Die Struktur des Themas, die innere Ordnung von Teilthemen oder Argumenten ist bestimmt durch die Sachlogik, aber auch durch die Perspektive, unter der ein Gegenstand betrachtet wird bzw. vermittelt werden soll.
- Welcher Teil des Textinhalts ist ein geeigneter Zielpunkt? Der Aufbau einer Argumentation geschieht immer auf ein Ziel hin, der Textverlauf ist somit abhängig von der Bestimmung eines geeigneten Zielpunkts, eines Textziels.
- Welcher Teil des Textinhalts ist ein geeigneter Anfangspunkt? Der Anfangspunkt und mit ihm der Gang der Argumentation kann häufig unterschiedlich gesetzt werden. Um das Argumentationsziel bzw. Textziel zu erreichen, sind mehrere Wege möglich, die die benannten Teile des Textinhalts in unterschiedlicher Reihenfolge abarbeiten. Dabei sind – bis auf das Ziel – oft alle Stationen austauschbar, wodurch unterschiedliche Schwerpunktsetzungen bzw. Fokussierungen entstehen.

Diese sechs Fragen skizzieren die Möglichkeiten, die für eine Argumentation bestehen, sie legen den roten Faden fest. Sie zeigen deutlich, dass – selbst bei übereinstimmender Textsorte und übereinstimmendem Textziel – viele unterschiedliche Texte (Textverläufe) zu einem Thema denkbar sind. Um sich bewusst für einen Verlauf entscheiden zu können, ist es wichtig, das Thema und damit auch den Textinhalt genau zu kennen. Die Entscheidung für einen Weg durch den Textinhalt (für eine Argumentation) lässt sich mit Hilfe der Mind-Map-

Technik treffen. Die Mind-Map verdeutlicht die Struktur des Textinhalts und bildet daher eine gute Grundlage für Überlegungen zu Argumentation, Gliederung und Textverlauf. Der geplante Textverlauf bestimmt dabei nicht nur die Abfolge, die Anordnung und die entsprechende Gliederung der Kapitel oder Argumente (die Argumentation im Großen, die bestimmt ist durch typische Muster und Prinzipien), sondern den Aufbau der Kapitel oder Argumente und die entsprechende Formulierung und Gliederung des Textes (die Argumentation im Kleinen, die bestimmt ist durch Regeln des Satzbaus und der Wortwahl, vgl. auch Kap. 5).

6.1.1 Der Dreischritt als Grundmuster der Argumentation

Rein äußerlich sind Texte der meisten Textsorten in drei Teile unterteilt: **Einleitung, Hauptteil** und **Schluss,** die in mündlichen Texten wie (Telefon-)Gesprächen ebenso zu finden sind wie in schriftlichen Briefen, Protokollen, Berichten, Beipackzetteln und Romanen. Je nach Textlänge variiert der Umfang von Einleitung und Schluss, die im Extremfall nur je einen Satz umfassen können. Das Grundmuster Einleitung – Hauptteil – Schluss übernimmt die Funktion der Orientierung: Es hat für den Leser und zugleich für den Verfasser die Aufgabe, die Aufmerksamkeit zu fokussieren. Einleitung und Schluss dienen der Einordnung, wobei erstere einen Überblick über das gibt, was im Hauptteil in einer dem Thema angemessenen Weise erörtert wird. Form und Funktion von Einleitung und Schluss sind auf das Textganze abzustimmen.

Einleitung und Schluss bilden einen Rahmen.

Einleitung und Schluss sind als erstes und letztes Kapitel bzw. erster und letzter Satz eines Textes die Elemente, die den Leser in den Text und den Textinhalt hineinführen und ihn auch wieder entlassen. So bilden Einleitung und Schluss zusammen den Rahmen eines Textes. Das bedeutet dreierlei:

- Damit der Rahmen als Rahmen erkennbar bleibt, sollte der Umfang von Einleitung und Schluss nicht mehr als jeweils zehn Prozent des Hauptteils betragen.
- Die Inhalte von Einleitung und Schluss sollten aufeinander abgestimmt sein.
- Einleitung und Schluss sind nicht vom Hauptteil isoliert, sondern auf diesen hin ausgerichtet. Abhängig von der für den Hauptteil gewählten Argumentation unterscheiden sich die Funktionen von Einleitung und Schluss.

Mit der Einleitung leiten Sie als Verfasser des Textes in das Thema und in den Text ein.

In einem sachorientierten Text ist dies besonders wichtig: Sie geben damit Ihrem Leser (und, wenn Sie die Einleitung zu Beginn der Schreibphase formulieren, auch sich selbst) einen Leitfaden an die Hand. Dabei ist es sehr wahrscheinlich, dass Sie, nachdem Sie den Text als Ganzen fertig gestellt haben, die Einleitung überarbeiten, d. h. dem tatsächlichen Textverlauf anpassen müssen. Dennoch sollten Sie sich vor dem Schreiben auch schriftlich einen Plan machen. Für den Leser des Textes dient die Einleitung der Orientierung, Ihnen dient Sie zugleich als Exposee (vgl. Kap. 2.10).[38]

Funktionen der Einleitung

Die Einleitung

- führt in den abzuhandelnden Themenbereich ein,
- benennt das Thema,
- erörtert die zu behandelnde Fragestellung,
- erläutert die Zielsetzung,
- beschreibt die Vorgehensweise und
- skizziert den Aufbau der Arbeit.

Je nach Themenstellung empfiehlt es sich, im Einleitungs- oder Schlusskapitel auch

- auf die Themenabgrenzung oder verwandte Fragestellungen einzugehen,
- die Forschungslage oder die zur Verfügung stehende Literatur zu kommentieren und
- die gewählte Methode zu problematisieren.

Einleitung und Schluss sollten sich ergänzen, deshalb also inhaltlich und sprachlich aufeinander abgestimmt sein.

Nutzen Sie den Schluss als das Textelement, das Ihren Leser aus dem Thema entlässt.

Führen Sie ihm noch einmal das Wesentliche vor Augen. Dem Hauptanliegen des Schlusses entsprechend, das sich aus der Argumentation ergibt, können Sie den Schluss als „Zusammenfassung“, „Fazit“ bzw. „Resümee“ oder „Ausblick“ betiteln: Das Fazit stellt – im Gegensatz zur reinen Zusammenfassung – nicht alle Punkte in ihrer Abfolge dar, sondern hebt in pointierter Form das Wesentliche hervor. Eine resümierende Zusammenfassung ist

38 Ein Beispiel: *Um den Gegenstand „menschliches Zeitempfinden“ näher zu untersuchen, sollen an zwei Fallbeispielen Formen der Zeitwahrnehmung näher betrachtet werden. Zum einen soll hierbei der Zusammenhang von Alter und Zeitempfinden berücksichtigt werden, zum anderen soll der zur Beschreibung von Zeit genutzte Wortschatz ermittelt werden.*

dadurch immer mehr als die bloße Wiederholung der im Hauptteil erarbeiteten Ergebnisse. Ein Ausblick stellt die Ergebnisse der Arbeit darüber hinaus in einen Zusammenhang mit weiterführenden Fragestellungen - er denkt also die Ergebnisse weiter.

Funktionen des Schlusses

Der Schluss kann - abhängig von der Gestaltung der Einleitung - dazu dienen

- die Ergebnisse der Arbeit zusammenzufassen bzw.
- ein Fazit zu ziehen,
- das Wesentliche herauszuarbeiten und einzuordnen sowie
- ggf. einen Ausblick zu formulieren.

Eine Argumentation entsteht durch die Anordnung von Elementen im Hauptteil. Man kann sich das leicht klarmachen, wenn man davon ausgeht, dass der Hauptteil aus drei Elementen besteht, so dass die Argumentation insgesamt fünf Schritte hat.

6.1.2 Der Fünfschritt als Ausarbeitung des Dreischritts

Für den detaillierteren Gesamtaufbau eines Textes oder Kapitels ist der Fünfschritt[39] effektiv. Das Argumentieren in fünf aufeinander folgenden Schritten ermöglicht verschiedene Argumentationsmuster und erlaubt es so, den Textverlauf dem Thema bzw. der Aussageabsicht entsprechend zu gestalten: Der erste und der letzte Schritt entsprechen der Einleitung und dem Schluss. Für die drei Schritte im Mittelteil gibt es zahlreiche Variationsmöglichkeiten.

Selbstverständlich können Argumentationen auch mehr als fünf Sätze oder Schritte umfassen. Modellhaft lassen sich jedoch deutlich unterschiedliche Argumentationsmuster durch die Variation in der Anordnung von fünf Elementen beschreiben. Drei Varianten des Fünfschrittes, die sich als Argumentationsmuster aus der Anordnung der Elemente des Mittelteils ergeben und Einfluss auf die Formulierung des Textes nehmen, sind die folgenden:

39 Der Fünfschritt bzw. Fünfsatz ist als allgemeines Muster zur Anordnung von Argumenten seit der Antike bekannt: In überschaubaren (an den Fingern einer Hand abzählbaren) fünf Schritten versuchen Redner bis heute, ihre Zuhörer zu überzeugen. Anregungen hierzu finden Sie in: GEIẞNER, HELLMUT 1968: Der Fünfsatz. Ein Kapitel Redetheorie und Redepädagogik. In: Wirkendes Wort 18/1968, 258–278.

Die Kette

Sie können die drei Schritte des Mittelteils nacheinander so anordnen, dass im Ganzen eine Kette entsteht. Das Typische einer Argumentationskette ist ihr linearer Aufbau: Die im vorherigen Schritt erarbeiteten Inhalte bilden die Grundlage für den jeweils folgenden Schritt. Ein solches Muster erlaubt

- die chronologische Darstellung einer Entwicklung in Etappen,
- die Beschreibung eines Phasenverlaufs,
- die Systematisierung historischer Ereignisse, aber auch
- die schrittweise Begründung, Konkretisierung oder Erläuterung eines Sachverhalts.

In einer fünf- oder mehrgliedrigen Kette hat der Text einen einlinigen Aufbau. Formulieren Sie den Text so, dass sich das Folgende aus dem Vorherigen entwickelt. Somit muss der Schluss keine Zusammenfassung leisten; er entspricht eher einem Fazit oder einem Ausblick, indem er das zuvor Dargestellte weiterdenkt.

Der Rhombus

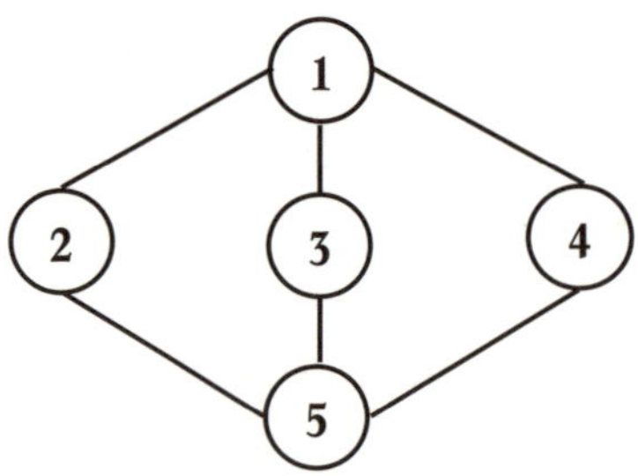

Sie können die Elemente des Mittelteils auch nebeneinander stellen, so dass sich das Ganze als Rhombus beschreiben lässt. Ausgehend von einer Fragestellung, einer These bzw. einem zentralen Problem werden strahlenförmig drei Perspektiven auf die Frage, die These, das Problem gerichtet und ohne unmittelbaren Bezug zueinander beschrieben. Dieser wird erst im zusammenfassenden fünften Schritt ausdrücklich hergestellt. Dieses Muster ist typisch für

- die dreifache Begründung,
- die zunächst isolierte Erörterung dreier ausgewählter Aspekte des Themas oder
- die schlaglichtartige Beleuchtung von Situationen oder Sachverhalten.

Formulieren Sie den Text so, dass im Anschluss an eine Einleitung drei voneinander isolierte Textteile nebeneinander stehen, deren wechselseitige Bezüge Sie in einem anschließenden Kapitel herstellen. Hier wird besonders deutlich, dass im Schlussteil die Teilergebnisse zusammengefasst und eingeordnet werden müssen.

Die Waage

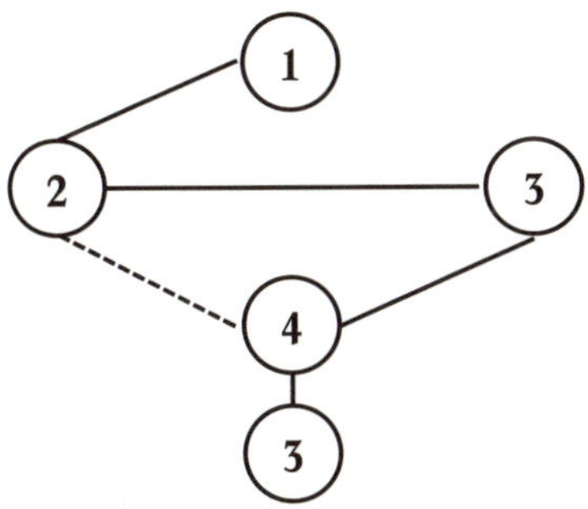

Eine weitere Möglichkeit der Anordnung der Elemente im Mittelteil besteht in einer abwägenden Gegenüberstellung, die dem Ganzen die Form einer Waage gibt. Dieses Muster ermöglicht

- den argumentativ abwägenden Vergleich zweier Positionen oder Situationen,
- die Erörterung von Gründen und Gegengründen bzw. Vorteilen und Nachteilen oder
- die Darstellung dreier Elemente, Theorien, Positionen oder Situationen in der Struktur These - Antithese - Synthese.

Auch hier wird eine Art Vergleich erarbeitet: Beim Vergleich dreier Elemente ist es wichtig, zu Beginn einen Kriterienkatalog zu erarbeiten, einen Maßstab, an dem sich alle drei Elemente messen lassen, damit sich Gemeinsamkeiten und Unterschiede überhaupt erst verdeutlichen lassen. Auf dieser Grundlage kann entschieden werden, ob eines der drei Elemente eine vermittelnde Position erhalten kann, so dass sich das abwägende Muster ergibt. Formulieren Sie den Text so, dass im Anschluss an eine Einleitung zunächst eine Position dargestellt und auf deren Grundlage dann die zweite beschrieben wird. Für das Folgende ergeben sich zwei Möglichkeiten:

a) Die beiden Textteile wurden so aufgebaut, dass sich nun ein Vergleich anschließt. Der Schluss eines so aufgebauten Textes muss nun etwas darüber Hinausgehendes leisten, indem er etwa einen Ausblick gibt oder eine Anwendung vorführt.

b) Beide Textteile wurden isoliert formuliert und es gibt eine dritte Position, die in etwa die Mitte der beiden Extreme darstellt. Diese wird referiert, bevor im Schluss ein Resümee oder ein Fazit gezogen wird. Im Gegensatz zu einer Anordnung im Rhombus werden hier Vergleiche (und damit Beziehungen) zwischen Position eins und Position zwei sowie anschließend zwischen Position eins, Position zwei und Position drei hergestellt, so dass sich das Muster „Nicht A, nicht B, sondern C" ergibt.

In den beschriebenen Mustern ist jeweils eines der drei oben erläuterten Argumentationsprinzipien erfüllt. Denkbar ist aber auch eine Kombination der Prinzipien und Muster innerhalb einer Arbeit, die ein historisches, ein systematisches und ein analytisches Kapitel hat, von denen jedes - auf der Grundlage des jeweils angemessenen Prinzips - argumentativ anders aufgebaut wird.

6.1.3 Prinzipien der Argumentation

Der Aufbau eines Textes ist bestimmt durch Vorgaben der Textsorte und abhängig vom zu behandelnden Gegenstand - viele Themen legen eine bestimmte Abfolge nahe.[40]

Argumentationsprinzipien sind allgemeine Richtlinien, die die Abfolge von Aussagen bestimmen.

Sie helfen, eine vielschichtige Thematik zu linearisieren. Dabei sind sie als grundsätzliche Ordnungsmuster für Aussagen zu begreifen, die häufig bereits im Thema angelegt sind und durch geeignete Argumentationsmuster unterstützt und ausgestaltet werden müssen. Für die Überführung eines stark strukturierten Themas in einen linearen Text sind drei grundsätzliche Abläufe denkbar. Das Thema kann

- seiner zeitlichen Ordnung entsprechend,
- seiner inhaltlichen Ordnung entsprechend oder

40 Hierzu gehören Themen, die Entwicklungen betreffen (etwa: *Die Freizeit der Jugendlichen – von 1900 bis 2000*), oder solche, bei denen ein Vergleich zu ziehen ist (etwa: *Die Freizeitgestaltung in Europa und Afrika – ein Vergleich*).

- einer bestimmten Aussageabsicht entsprechend

dargestellt werden. Folglich werden drei charakteristische Argumentationsprinzipien unterschieden: Diese drei Grundprinzipien entsprechen drei typischen Ordnungskriterien und sind nicht selten vom Thema her vorgegeben. Dennoch ist es denkbar, den Textverlauf, der einem Thema oder einer Aussageabsicht angemessen ist, etwa chronologisch oder argumentativ zu gestalten. Dabei beeinflusst das gewählte Gliederungsprinzip die Schwerpunktsetzung und dadurch auch die Formulierung des Textes. Innerhalb eines Argumentationsprinzips sind unterschiedliche Argumentationsmuster denkbar.

Das chronologische Prinzip:

Wenn Sie einen Stoff haben, der sich auf Grund des chronologischen Prinzips ordnen lässt, können Sie Aussagen dem allgemeinen zeitlichen Verlauf zuordnen. Entsprechend können Sie einen Phasenverlauf oder historische Etappen erfassen und abbilden.

Das chronologische Gliederungsprinzip bietet sich an bei Texten oder Kapiteln, die eine Entwicklung erfassen wollen. In einer Mind-Map ist ein chronologisches Ordnungsprinzip daran erkennbar, dass die Äste (oder auch die Zweige eines Astes) ein Nacheinander abbilden und daher kaum Vernetzungen aufweisen. Zumeist kann die Mind-Map in genau einer Abfolge gelesen werden.

Das stoffliche Prinzip:

Wenn Ihr Stoff durch seine Vielfalt eine stark verästelte und vernetzte Struktur aufweist, können Sie diese auf Grund des stofflichen Prinzips abbilden. Sie können Ihren Stoff in zwei Richtungen anordnen: vom Allgemeinen zum Speziellen oder vom Speziellen zum Allgemeinen. Achten Sie darauf, wesentlichen Aspekten und Zusammenhängen Ihres Themas den ihnen angemessenen Stellenwert zuzuweisen.

Das stoffliche Gliederungsprinzip eignet sich somit besonders für fassetten- oder aspektreiche Behandlungen eines Themas aus mehreren Perspektiven. In einer Mind-Map ist das stoffliche Prinzip daran erkennbar, dass Äste sehr unterschiedlich gestaltet sind und u. U. viele Vernetzungen aufweisen. Mehrere Leseweisen der Mind-Map – und somit mehrere Textverläufe – sind denkbar.

Das argumentative Prinzip:

Bietet Ihr Stoff sich für eine Erörterung oder Beurteilung an, sollten Sie ihn nach dem argumentativen Prinzip strukturieren. Lassen Sie sich von der Anzahl der Positionen leiten und formulieren Sie eine überschaubare Anzahl von Thesen, die Sie der Aussageabsicht entsprechend mit Beispielen oder Argumenten belegen.

Das argumentative Gliederungsprinzip eignet sich besonders für erörternde, abwägende Darstellungen. In einer Mind-Map ist das argumentative Prinzip daran erkennbar, dass es zwei oder mehrere ähnlich gestaltete Äste gibt, die aufgrund ihrer Ähnlichkeit auch untereinander vernetzbar sind. Auch hier sind mehrere Leseweisen der Mind-Map möglich.

6.2 Die Schritte der Argumentation bestimmen

Die Argumentation im Kleinen ist darauf angelegt, in einzelnen Schritten den Gang der Argumentation im Großen zu unterstützen. Um eine Argumentation plausibel und überzeugend zu gestalten, ist es wichtig, Typen von Argumenten und Funktionen, die sie erfüllen können (charakteristische Elemente der Argumentation) aufeinander abzustimmen.

6.2.1 Typen von Argumenten

Argumente sind in der engen Wortbedeutung „Beweismittel“. Sie dienen dazu, Thesen zu begründen oder zu widerlegen. Mit Hilfe von Argumenten werden Annahmen oder Überlegungen untermauert oder – das ist eben auch möglich – untergraben. Als Argumente sollten daher solche Aussagen herangezogen werden, die den Grundsätzen für eine gelungene Argumentation (Plausibilität und Glaubwürdigkeit) entsprechen. Hierzu zählen:

Zahlen, Daten, Fakten

Zahlen und Daten, Experimentergebnisse oder Umfrageergebnisse sowie Statistiken sind eine Form von Belegen, die in der abendländischen Tradition als besonders objektiv gelten. Sie werden zumeist als Tatsachen betrachtet und oft (zu) wenig hinterfragt. Wenn Sie Ihre Argumentation auf Datenmaterial aufbauen wollen, müssen Sie

- überprüfen, wie repräsentativ die Zahlen, Daten, Fakten sind,
- offen legen, wie Sie an die Daten gekommen sind,
- angeben, auf welcher Grundlage Zahlenverhältnisse errechnet sind oder
- aus welcher Quelle Zahlen stammen.

Sie sollten ggf. selbst auf Schwächen des Materials oder konträre Untersuchungen hinweisen und Ergebnisse durch weitere Argumente relativieren.

Allgemeingültiges

Zu den allgemein anerkannten Wahrheiten zählen kulturelle Werte, Normen und Regeln, die in Volksweisheiten oder Gesetzen tradiert sind. Bei genauerer Betrachtung dieser Sätze wird deutlich, dass sie häufig im Sinne des Wortes gesetzt sind, so dass sich ihre Allgemeingültigkeit streng genommen auf einen begrenzten Bereich bezieht. Sie müssen also bei der Verwendung allgemein anerkannter Werte den Adressaten Ihres Textes berücksichtigen und überprüfen, ob ihn die von Ihnen angeführten Sätze überzeugen können. Wenn Sie in Ihrer Argumentation auf Allgemeingültiges verweisen, sollten Sie sich klarmachen,

- auf welcher Grundlage Sie Sätze als allgemein gültig betrachten,
- inwieweit Sätze zu relativieren sind bzw.
- welche Gegenregeln existieren.

Sollte der Aufwand zur Stützung eines allgemein gültigen Satzes (der ja zur Stützung einer These dienen soll) zu groß werden, suchen Sie besser Argumente aus anderen Bereichen.

Erfahrungen

Um eine These zu stützen, können Sie auf (eigene oder fremde) Erfahrungen verweisen. Diese müssen aber für den Leser plausibel sein. Sie müssen abschätzen, wie eine Erfahrung, die immer auf einer individuellen Interpretation von Ereignissen basiert, eingesetzt werden kann – ob sie

- veranschaulichend wirkt,
- überzeugen kann oder
- als vorweggenommenes Gegenargument dienen soll.

Erfahrungen gelten häufig als zu subjektiv, um eine Argumentation tragen zu können. Dennoch machen sie vieles am konkreten Fall deutlich – es bleibt aber immer zu prüfen, inwieweit sie verallgemeinert werden können.

Traditionen

In den verschiedenen Bereichen der Wissenschaft existiert eine Reihe unterschiedlicher Traditionen und Schulen. Darunter versteht man eine bestimmte inhaltlich geprägte Denk- und Forschungsrichtung in einem Fach. Oft geht eine Schule von einem (einzelnen) Begründer aus und wird dann von seinen Schülern weitergeführt: z. B. die Schule der Psychoanalyse, ausgehend von SIGMUND FREUD.

Für die Argumentation macht es daher einen Unterschied, ob sich ihr Verfechter dieser oder jener Tradition bzw. Schule verschrieben hat. Einerseits nimmt man eine spezifische Perspektive ein, andererseits gibt es je nach Wissenschaftstradition und -schule einschlägige Argumentationszusammenhänge. So beruft man sich z. B. in der psychoanalytischen Schule FREUDS auf die Aussagekraft der Träume für die Psyche des Individuums, die man sich zu Nutze machen kann. Entsprechend ist es wichtig,

- dem Leser die vom Schreiber eingenommene Perspektive deutlich zu machen,
- einschlägige Argumentationszusammenhänge zu skizzieren und
- andere (Gegen-)Positionen in der Argumentation mindestens mitzudenken, wenn nicht gar mitzuberücksichtigen.

Lehrsätze

Lehrsätze sind in einem bestimmten (Fach-)Gebiet gültige Aussagen innerhalb eines theoretischen Zusammenhangs, die eine Schlussfolgerung beinhalten. Sie sind verallgemeinerte Erfahrungen, selbst Endprodukte einer argumentativen Darstellung, gelten aber dennoch als bewiesen. Aufgrund ihres Ergebnischarakters können Lehrsätze jedoch den Ausgangspunkt für weitere Überlegungen bilden.

In fachlichen Zusammenhängen dienen Lehrsätze in der Regel als Grundlage einer Argumentation. Lediglich neue Lehrsätze sind in Bezug zu vorhandenem Wissen oder zu anerkannten Erkenntnissen bzw. Gesetzmäßigkeiten zu setzen. Wenn Sie mit Hilfe von Lehrsätzen argumentieren wollen, sollten Sie prüfen,

- in welchem Wissensbereich Ihr Thema angelagert ist,
- ob es gegensätzliche Lehrmeinungen gibt und
- welche Kritik an einem Lehrsatz geübt wird.

Autoritäten

Als Autoritäten gelten Personen (lebende oder verstorbene Politiker, Wissenschaftler, Künstler) oder Denkmuster (etwa die Paradigmen der Systemtheorie oder Psychoanalyse), deren Aussagen als beweiskräftig angesehen werden. Ähnlich wie Lehrsätze sind auch Autoritäten fachgebietsabhängig. Wer sich auf Autoritäten berufen möchte, muss

- sicherstellen, dass diese dem Leser auch als solche bekannt sind,
- darauf achten, herausragende Fachvertreter heranzuziehen,
- ggf. herausstellen, in Bezug worauf bzw. in welcher Funktion diese Person als Autorität gilt,
- prüfen, ob, und wenn ja, welche Einwände gegen die Person von wem hervorgebracht und wie sie begründet werden.

Wenn Sie sich auf Autoritäten berufen, sollten Sie dies nur im Ausnahmefall pauschal oder generell tun. Die Meinung oder Position einer Autorität gewinnt eine deutlichere Wirkung in Ihrer Argumentation, wenn Sie sie auch wörtlich zitieren und damit zum Ausgangspunkt, Ziel oder Gegenpol Ihrer Darstellung machen.

Ziele

Jede Argumentation wird auf das Argumentationsziel hin aufgebaut. Darüber hinaus ist es möglich, auch einzelne Aussagen dadurch zu untermauern, dass ihre Funktion hinsichtlich eines bestimmten Ziels dargestellt wird. Dieses Ziel kann

- ein Teilziel des Textes sein oder
- ein allgemeines Ziel, das den Rahmen der Diskussion, innerhalb derer der Text formuliert wird, bestimmt.

Wenn Sie sich auf Ziele berufen, um eine Aussage zu stützen, sollten Sie sicherstellen,

- welchen Stellenwert diese in Ihrer Argumentation haben,
- dass diese auch für den Leser erkennbar und nachvollziehbar sind,
- ob diese Ziele in Teilziele zerlegt werden können und
- ob diesen Zielen entgegengesetzte Ziele gegenübergestellt werden können.

Mit den Argumentationstypen sind typische Verfahren und zugleich typische Bereiche abgedeckt, aus denen eine Argumentation aufgebaut werden kann. Häufig empfiehlt es sich, Typen von Argumenten auch kombiniert zu verwenden, insbesondere wenn zu diesen Aussagen zugleich Gegenaussagen bzw. Gegenargumente formuliert werden können. Aufgabe der Argumentation ist es nun, diese Argumente so auf die Aussage hin zu formulieren und anzuordnen, dass diese abgesichert wird, indem sie als nicht bloß behauptet, sondern als bewiesen gelten kann.

6.2.2 Elemente der Argumentation

Die verschiedenen Typen von Argumenten haben bestimmte sprachliche Formen; sie bestehen aus Sätzen, die

- in Bezug auf ihre Beweiskraft Unterschiede aufweisen,
- in verschiedenen Bedeutungsbeziehungen stehen und
- unterschiedliche Positionen innerhalb der Argumentation einnehmen.

Zu den Elementen, aus denen eine Argumentation aufgebaut werden kann, gehören:

Die These

Eine These (aus dem Griechischen, wörtlich „das Aufstellen“: aufgestellter Lehr- und Leitsatz) ist eine Behauptung, ein zu beweisender Satz. Dieser kann an den Anfang einer Argumentation gestellt oder im Argumentationsverlauf hinzugezogen werden. Thesen müssen durch Argumente gestützt werden.

Das Axiom

Ein Axiom (aus dem Lateinischen, wörtlich „was für wichtig erachtet wird“: angenommene Wahrheit, die keines Beweises bedarf) ist ein Grundsatz, der die Basis für nachfolgende logische Schlüsse bietet, dabei aber selbst nicht abgeleitet ist und deshalb nicht bewiesen werden kann. Axiome als Argumente einer Argumentation bilden meist ein Axiomensystem, das den Anfangspunkt eines Argumentationszusammenhangs markiert. Insofern müssen die Axiome in besonderer Weise abgesichert werden – z. B., indem man sich auf einschlägige Lehrmeinungen des entsprechenden Faches beruft.

Die Hypothese

Eine Hypothese (aus dem Griechischen, wörtlich „das Darunterstellen“: zunächst unbewiesene, aber von inhaltlichen Widersprüchen freie Annahme) ist ein wissenschaftlicher Satz, der als zutreffend angenommen wird und aus dem theoretische Überlegungen abgeleitet werden können. Im Gegensatz zum Axiom muss die Hypothese zum Ende einer Argumentation entweder verifiziert oder falsifiziert werden. Eine Hypothese wird durch Argumente gestützt – z. B. durch erhobenes Datenmaterial –, bis sie schließlich als bewiesen gelten kann oder durch die Argumente widerlegt wird.

Die Antithese

Eine Antithese (aus dem Griechischen, wörtlich „das Dagegenstellen“) ist eine Gegenbehauptung, ein Satz, in dem das Gegenteil dessen ausgesagt wird, was bewiesen werden soll.

Wenn man auf die Wahrheit oder Unwahrheit der Antithese hin argumentiert, macht man gleichzeitig auch Aussagen über die eigentliche These. Um einen Vergleich herzustellen, bietet es sich an, einen Ausgangspunkt (eine Theorie oder Situation) zur These zu machen und das zweite Element diesem ersten antithetisch gegenüberzustellen, um danach Gemeinsamkeiten und Unterschiede feststellen zu können.

Die Schlussfolgerung

Eine Schlussfolgerung wird auf der Grundlage einer (Teil-)Argumentation formuliert, als End- oder Teilergebnis, das im Weiteren als bewiesen gilt, da die (Teil-)Argumente bewiesen worden sind.

Die Erläuterung

Eine Erläuterung dient dazu, einen Teilaspekt zu explizieren, eine Beziehung zwischen Elementen oder einen im Text genannten Ort, eine Person o. Ä. zu charakterisieren. Der Erläuterung dienen Anmerkungen und Fußnoten, Abbildungen und Tabellen oder entsprechend ausgewählte Zitate. Im Gegensatz zu Begründungen sind Erläuterungen kein tragendes Element der Argumentation. Sie müssen so formuliert werden, dass sie beim Lesen übersprungen werden können.

Die Begründung

Bei der Begründung geht es darum, Argumentationsschritte abzusichern und dadurch nachvollziehbar zu machen, dass sie in einen Zusammenhang gestellt werden. Begründungen können in Form von Zitaten oder Verweisen auf Autoritäten gegeben oder aus der Sachlogik heraus entwickelt und formuliert werden.

Die Illustration

Bei der Illustration geht es darum, einen Sachverhalt anschaulich und (allgemein) verständlich zu machen. Vor allem zum Abschluss abstrakter Erklärungen bietet es sich an, einen komplexen theoretischen Zusammenhang zu illustrieren, etwa mit Hilfe von

- **Beispielen** – als Beispiel (oder auch Gegenbeispiel) bieten sich oftmals Bezüge zur Wirklichkeit an, mit deren Hilfe ein komplizierter Sachverhalt zwar vereinfacht, jedoch vorstellbar wird;
- **Vergleichen** – Vergleiche werden gezogen, um Zusammenhänge, die außerhalb des Erfahrungsbereiches liegen, nachvollziehbar zu machen. Vergleiche hinken immer, daher sollte man bei der Formulierung eines Vergleichs beachten, dass es gemeinsame Elemente gibt in dem, was zu beschreiben ist, und dem zur Beschreibung Herangezogenen, dass ggf. Unterschiede ausdrücklich benannt werden sollten, um die Reichweite des Vergleichs zu verdeutlichen, dass im Vergleich deutlich wird, welche Elemente in Bezug worauf miteinander verglichen werden und/oder
- **Metaphern** – eine Metapher ist ein sprachliches Bild, das einen Gegenstand, eine Eigenschaft oder ein Geschehen veranschaulichen soll.

Bei der Verwendung von Bildern und Metaphern ist jedoch immer zu fragen, ob sie dem Sachverhalt angemessen sind, d. h. diesen nicht verfälschen und stilistisch in den Kontext der entsprechenden Textsorte passen. Manchmal gibt es Vorgaben, die zwar die Formulierungsfreiheit einschränken, aber nicht für die Verwendung von sprachlichen Ausdrücken gelten: Nicht wenige Begriffe in den Wissenschaften sind selbst metaphorisch (z. B.: *die ökologische Nische*), auch wenn für die Wissenschaftssprache gilt, dass beim Formulieren grundsätzlich auf Bildhaftigkeit verzichtet werden sollte (vgl. Kap. 7.3.1).

Der Beleg

Ein Beleg wird zur Stützung einer These angeführt. Wörtliche oder sinngemäße Zitate, Beispiele oder Datenmaterial können als Beleg angeführt werden, sie können Ausgangspunkt der Argumentation oder dem Argument nachgestellt sein. Der Beleg zu Beginn kann besondere Überzeugungskraft haben; der Beleg zum Abschluss (die übliche Folge) verleiht der These besondere Bedeutung, sie ist im Fokus der Aufmerksamkeit.

Der Verweis

Der Verweis auf Autoritäten, Untersuchungen, Ereignisse usw. dient dazu, die eigene Untersuchung oder Argumentation in einen Kontext einzubinden bzw. von anderen abzugrenzen. Der Verweis sollte in Form eines wörtlichen oder sinngemäßen Zitates gegeben werden, d.h. nicht nur einen Namen nennen, sondern auch knappe, charakteristische Informationen bieten.

6.2.3 Formen der Argumentation

Es gibt zwei grundsätzliche Formen des Argumentierens, die den Gesamtverlauf in eine logische Folge bringen. Diese hängen häufig vom Thema ab, sind aber auch durch die Perspektive auf das Thema beeinflusst:

Die **induktive** Beweisführung geht von Fakten aus und leitet aus diesen eine allgemeine Regel ab. Die Argumentation verläuft also vom Speziellen zum Allgemeinen.

Die **deduktive** Beweisführung geht von Axiomen und allgemeinen Leitsätzen aus, die sie an Fakten überprüft. Die Argumentation verläuft also vom Allgemeinen zum Speziellen.

Das Ziel einer Argumentation bestimmt nicht nur ihren Aufbau, sondern auch ihren Fokus. Abhängig davon, was ein bestimmtes Textelement für das Ganze leistet, lassen sich folgende Grundformen der Argumentation unterscheiden:

Die Darstellung

Im Rahmen einer Darstellung geht es um das neutrale Beschreiben eines Sachverhaltes oder das Referieren entweder des eigenen oder eines fremden Standpunktes. Zu diesem Zweck gilt es, die wesentlichen Aspekte oder die Hauptargumente zusammenzutragen und nachvollziehbar zu machen. Eine Darstellung ist also sowohl am Ganzen als auch am Einzelnen interessiert, dabei jedoch auf charakteristische Merkmale hin ausgerichtet.

Die Analyse

Eine Analyse (aus dem Griechischen, wörtlich „das Auflösen") geht über die reine Darstellung eines Sachverhaltes hinaus: Ein Sachverhalt wird in seine Bestandteile zergliedert, diese werden anschließend hinsichtlich ihrer Beschaffenheit beschrieben. Ein Sachverhalt X kann z.B. auf seine Ursachen hin untersucht werden; davon zu unterscheiden sind seine Wirkungen. Auch eine Theorie kann hinsichtlich der Stichhaltigkeit ihrer wesentlichen Aussagen untersucht werden. Eine Analyse geht vom Ganzen auf das Einzelne, ist also überwiegend am Detail interessiert; der Gesamtzusammenhang ist insofern wichtig, als dass sich vor seinem Hintergrund Details beschreiben lassen.

Die Synthese

Im Rahmen einer Synthese (aus dem Griechischen, wörtlich „das Zusammensetzen") werden Einzelelemente zu einem neuen Ganzen zusammengesetzt. Ziel ist es dabei, durch die Zusammenführung (bekannter) Teilaspekte etwas Neues zu erarbeiten, das an Bekanntes anknüpft, es ausbaut bzw. weiterdenkt. Eine Synthese geht vom Einzelnen auf das Ganze, ist also überwiegend am Gesamtzusammenhang interessiert. Details sind insofern wichtig, als dass sie den Ausgangspunkt der Argumentation bilden.

Die Interpretation

Wenn man auf der Basis von Primärtexten arbeitet, können verschiedene Deutungsmöglichkeiten bestehen. Für die Interpretation (aus dem Lateinischen, wörtlich „das Deuten"), die Deutung und Erklärung von (literarischen) Texten, existieren verschiedene Methoden, die sich an sprachlichen, inhaltlichen und formalen Gesichtspunkten orientieren.[41]

Die Exegese

Im Rahmen einer Exegese (aus dem Griechischen, wörtlich „das Auslegen") geht es z. B. im Zusammenhang mit der Auslegung der Bibel darum, den vom Verfasser eines Textes gemeinten Sinn zu rekonstruieren. Im Rahmen von Lehrmeinungen und Dogmen wird einem Text eine Aussageabsicht zugeordnet und damit letztlich unterstellt – ohne das Hinzuziehen von weiteren Materialien wird deshalb keine Exegese fundierte Ergebnisse liefern können.

41 In den verschiedenen Fächern gibt es jeweils unterschiedliche, aber klar festgelegte Verfahren und einen Stellenwert der Interpretation als Deutung von durch Analyse oder Datensammlung und -untersuchung gewonnenem Material. In der Literaturwissenschaft werden literarische und poetische Texte interpretiert, in den Kunstwissenschaften Kunstwerke; in den Wirtschafts- und Gesellschaftswissenschaften werden statistisch erhobene Daten oder Abläufe wirtschaftlicher Prozesse interpretiert, und eventuell werden Prognosen abgeleitet; in der Geschichtswissenschaft werden Dokumente und Urkunden sowie Abfolgen von Geschehnissen interpretiert, in der Mathematik Modelle; in der Meteorologie werden Wetterverläufe und erhobene Daten interpretiert, und aus der Interpretation werden Prognosen hergeleitet usw. In nicht-wissenschaftlichen Bereichen spricht man von Interpretationen bei der Aufführung musikalischer Werke oder bei Theaterinszenierungen.

Die Erörterung bzw. Kritik

Diese Darstellungsformen streben – über die vergleichende, sachliche Darstellung hinaus – auch eine persönliche Stellungnahme und Wertung an. Abhängig davon, was zu beurteilen ist, wird zwischen Erörterung (problem- bzw. sachbezogenes, analysierendes Abwägen) und Kritik (werk- bzw. theoriebezogenes, interpretierendes Abwägen) unterschieden. In beiden Argumentationsformen kommt es darauf an,

- Vor- und Nachteile einander gegenüberzustellen und zu gewichten,
- Unterschiede und Gemeinsamkeiten hervorzuheben,
- verschiedene Kontexte oder Folgen zu betrachten und
- zu einem begründeten Urteil zu gelangen.

Das Votum für oder gegen eine Position muss plausibel und nachvollziehbar sein. Nicht die persönliche Einschätzung steht im Vordergrund, sondern die sachbezogene Entscheidung.

6.2.4 Mittel der Verknüpfung von Gedanken und Sätzen

Der Verknüpfung von Gedanken und Sätzen dienen Konjunktionen und Adverbien. Hat man mit Hilfe der Mind-Map die Struktur des Themas erfasst und den Textinhalt bestimmt, sollte man auch den Argumentationsverlauf festlegen. Beschreibt man in wenigen Sätzen, warum im Text was wie dargestellt werden soll, ergibt sich ein erster Ansatzpunkt für die gedankliche und sprachliche Verknüpfung der Textelemente. Der so entstandene kurze Text kann als Exposee oder auch als Einleitung dienen – u. U. muss eine zu Beginn geschriebene Einleitung überarbeitet werden, wenn der Text fertig gestellt ist (vgl. auch Kap. 2.10).

Zwei Grundformen von Beziehungen zwischen den einzelnen logischen Elementen beeinflussen die Ordnung eines Textes, die sich in Argumentation und Gliederung zeigen sollte:

Nebenordnung

Argumente oder Elemente eines Textes (Kapitel, Absätze, Abschnitte) können nebengeordnet sein. Man nennt dies eine parataktische Anordnung. Elemente, die auf einer Hierarchieebene stehen, werden in eine lineare Abfolge gebracht. Ziel muss es sein, Zusammenhänge zu verdeutlichen. Die Nebenordnung wird durch sprachliche Gliederungssignale (vgl. Kap. 6.3.4) und das formale Muster der Aufteilung (vgl. Kap. 6.3.2) unterstützt.

Unterordnung

Argumente oder Elemente eines Textes (Kapitel, Absätze, Abschnitte) können einander untergeordnet sein (Hauptkapitel und Unterkapitel, einleitende und abhängige Absätze).

Man nennt dies eine hypotaktische Anordung: Elemente, die auf unterschiedlichen Hierarchieebenen stehen, werden auch durch die Formulierung abgestuft. Ziel muss es sein, Abhängigkeiten zu verdeutlichen. Die Unterordnung wird durch sprachliche Gliederungssignale (vgl. Kap. 6.3.4) und das formale Muster der Hierarchisierung (vgl. Kap. 6.3.2) unterstützt.

6.3 Die Gliederung des Textes festlegen

Die Gliederung ist abhängig vom Thema und seiner Struktur. Dies bedeutet, dass eine Gliederung erst dann entworfen ist, wenn das Textthema inhaltlich erschlossen und systematisiert sowie ein Argumentationsverlauf geplant ist. Die Gliederung steht in einer Wechselbeziehung zum Schreibprozess. Daraus folgt, dass die Gliederung eines Textes vor dem Schreiben als Richtschnur für den Schreibprozess genutzt werden sollte, jedoch jederzeit während des Schreibens verändert werden kann.

Die Gliederung dient nicht nur der Unterteilung des Textes in kleinere Elemente, sondern auch der Verdeutlichung des Textthemas und des Argumentationsverlaufs, der Gedankenführung.

6.3.1 Prinzipien der Gliederung

Eine Gliederung sollte so aufgebaut sein, dass sie den argumentativen Textaufbau verdeutlicht und unterstützt. Sie muss die Fragestellung verdeutlichen, indem sie Elemente des Themas bzw. des Textes zueinander in Beziehung setzt. Die Gliederung des Textes kann vom Thema oder von der Textsorte vorgegeben sein.

Textsortenspezifische Gliederungen sollen dazu dienen, Texte zu normieren und dadurch vergleichbar zu machen.

Ein gängiges Schema für Texte in den empirischen Wissenschaften ist zum Beispiel: Einleitung, Grundlagen, Versuchsbeschreibung, Ergebnisse, Diskussion, Schluss. Erkundigen Sie sich, ob es für den Text, den Sie schreiben, spezielle Vorgaben gibt.

Für die themenspezifische Gliederung gibt es zwei Verfahren.

Wenn eine Gliederung in Bezug zum Thema des Textes steht, ist es möglich

- von Merkmalen und Aspekten der Sache oder
- von unterschiedlichen Betrachtungsweisen in der Theorie auszugehen.

Dabei ist zu bedenken, in welcher Beziehung die verschiedenen Teile des Textes zueinander stehen.

6.3.2 Formale Gliederungsmuster

Die Gliederung eines Textes (das Inhaltsverzeichnis) sollte nicht nur den Inhalt, sondern auch dessen Ordnung (den Gang der Argumentation) abbilden. Daher werden Kapitelüberschriften nicht nur aufgelistet, sondern auch mit Hilfe von Gliederungsschemata geordnet.

In jedem dieser Ordnungsschemata werden die Beziehungen zwischen den Kapiteln der Arbeit verdeutlicht. Dabei ist unbedingt zu beachten, dass dort, wo ein Unterkapitel ausgegliedert wird, mindestens auch ein zweites Unterkapitel vorhanden sein muss. Eine einfache Ausgliederung wäre sinnlos – was sich an der Mind-Map deutlich zeigt: Hier ist eine solche Ausgliederung nicht wahrnehmbar, eine Verästelung oder Verzweigung entsteht nur bei mindestens zwei Elementen.

Hierarchisierung

Gängig ist das Schema der numerischen Untergliederung. Die Vorstrukturierung des Textinhalts mit Hilfe einer Mind-Map bildet die Hierarchie der Untergliederung ab: Hauptäste sind Hauptkapitel, Verzweigungen sind Unterkapitel. Mehr als vier Ebenen sollten jedoch mit diesem Schema nicht abgebildet werden.

Diese Art der Gliederung signalisiert, dass der gesamte Text einer Argumentation folgt. Die einzelnen Kapitel können zwar nach eigenen Argumentationsmustern aufgebaut sein, haben jedoch für die Gesamtargumentation tragende Funktionen.

Beispiel für eine hierarchisierende Gliederung

Die Funktionen der Tempora im Deutschen

1	**Einleitung**
2	**Zeit und Tempus**
2.1	Der Zeitbegriff
2.2	Zeit und Sprache
2.3	Die Tempusformen im Deutschen
2.3.1	Präsens
2.3.2	Präteritum/Imperfekt
2.3.3	Perfekt
2.3.4	Plusquamperfekt
2.3.5	Futur I
2.3.6	Futur II
3	**Leistungen der Tempora**
3.1	Bezug auf Gegenwärtiges

3.2	Bezug auf Vergangenes
3.3	Verweis auf Zukünftiges
4	**Tempusmodelle**
4.1	Weinrich
4.2	Wunderlich
5	**Zeitverweis im Text: eine abschließende Analyse**
6	**Literaturverzeichnis**

Aufteilung

Bei einer eher symmetrischen Struktur des Themas, die mehrere Herangehensweisen oder Perspektiven abbildet, sollten Sie prüfen, ob der Text in große, relativ selbstständige Teile unterteilt werden kann, die dann als Teil A, B oder Teil I, II usw. benannt werden. Innerhalb jedes dieser Teile werden dann Kapitel und Unterkapitel wie gewohnt nummeriert. In einer Mind-Map ist eine solche Struktur des Themas an wenigen Hauptästen zu erkennen, die Äste und Verzweigungen aufweisen und untereinander in Beziehung gesetzt werden können.

Ein solches Gliederungsmuster zeigt an, dass es Teilargumentationen gibt, die relativ eigenständig nebeneinander gestellt werden können. Hier haben Einleitung und Schluss deutlich rahmende Funktion: Hier muss deutlich werden, wie sich die Teile zu einem Ganzen zusammenfügen.

Beispiel für eine aufteilende Gliederung

Zeit – damals und heute

Einleitung

Teil A: Die Zeit und der Mensch

1	Was ist Zeit?
1.1	Ansätze zur Beschreibung des physikalischen Phänomens
1.2	Ansätze der Zeitrechnung
2	Wie gehen Menschen mit der Zeit um?
2.1	Das Zeitverständnis der Antike
2.2	Das Zeitverständnis im Mittelalter
2.3	Zeitbeschreibungen heute

Teil B: Die Zeit in der Sprache

1	Zeit und Tempus
1.1	Die Tempusformen des Verbs
1.2	Die Bedeutungsleistungen der Tempora

1.3 Zeitverweis in Sätzen
2 „Zeitwörter“
2.1 Nomen mit temporaler Bedeutung
2.2 Adjektive und Adverbien temporaler Bedeutung
2.3 Temporale Konjunktionen und Präpositionen
2.4 Zeitmetaphern

Teil C: Der Zeitwortschatz im Wandel der Zeit

1 Zeitmetaphern der Antike
2 Zeitmetaphern im Mittelalter
3 Zeitmetaphern der Gegenwart

Zusammenfassung

Literatur

Die alpha-numerische Gliederung

Ein weiteres Gliederungsmuster, das man in Texten häufig vorfindet, ist das der alpha-numerischen Gliederung. Dieses Gliederungssystem ist bei längeren Texten für den Leser sehr unübersichtlich, da es kaum Orientierung bietet.

Beispiel für eine alpha-numerische Gliederung

Zeitempfinden und Moderne

I. Kennzeichen der Moderne
1. Arbeit
   a) Beruf oder Job
   b) Kennzeichen der modernen Arbeitswelt
      α) Teilzeit
      β) Gleitzeit
      γ) Pausen
2. Freizeit
   a) Familie
   b) Hobby
   c) Weiterbildung

II. Zeitmodelle der Moderne
1. Zeit sparen
2. Zeit investieren
3. Zeit gewinnen

III. Das Millennium als Allegorie

1. Euphorie
   a) Aufbruchstimmung
   b) Neubeginn
2. Angst
   a) Endzeitstimmung
   b) Der Weltuntergang
      α) Das Jahr-2000-Problem
      β) Zukunftssorgen

IV. Zeit ist Geld!?

6.3.3 Formen und Funktionen der textualen Gliederung

Die Gesamtargumentation sowie das gewählte Argumentationsmuster sollte durch Strategien der Gliederung, durch Sprachverwendung und Textgestaltung unterstützt werden. Der textualen Gliederung dienen Absätze, Abschnitte, Überschriften, Zwischenüberschriften und Kolumnen. Sie ermöglichen die formale und inhaltliche Hierarchisierung und Ordnung innerhalb des Textganzen.

Zusätzlich dient die Benennung von Textteilen als „Vorbemerkung", „Exkurs" (lat. *excursus*, dt. „Streifzug"), „Anmerkung", „Zusammenfassung" oder „Literaturverzeichnis" der Kennzeichnung von Rang und Funktion, die diese Elemente im Text und für den Text haben.

Der Absatz

Ein Absatz wird durch einen einfachen Zeilenwechsel angezeigt. Er fasst mehrere gedanklich oder inhaltlich zusammengehörige Sätze zusammen. Der Absatzwechsel signalisiert, dass etwas Neues beginnt, das aber inhaltlich eng verwandt ist.
Mehrere zusammengehörige Absätze bilden den zu einem gemeinsamen Argumentationspunkt gehörigen Teil einer Argumentation, der als solcher auch einen Abschnitt des Textes bildet.

Der Abschnitt

Ein Abschnitt wird durch einen kleinen Zwischenraum (eine leere Zeile) angezeigt. Er fasst mehrere gedanklich oder inhaltlich verwandte Absätze zusammen. Er trennt sie vom folgenden Abschnitt, der eine andere Gruppe von Absätzen zusammenfasst, ohne dass eine Überschrift erforderlich wäre oder ein neues Kapitel oder Unterkapitel beginnt.

Abschnitte signalisieren, dass ein neuer Gedankengang beginnt, der jedoch zum Thema des jeweiligen Kapitels oder Unterkapitels gehört; zusammengehörige Abschnitte bilden ein Kapitel oder Unterkapitel der Arbeit.

Das Kapitel

Das Kapitel fasst gedanklich oder inhaltlich zusammengehörige Textteile zusammen, die aus mehreren Abschnitten bestehen. Sind die Textteile sehr umfangreich, sollten sie in Unterkapitel aufgeteilt werden.

Die Zahl der Unterkapitel innerhalb eines Kapitels muss mindestens zwei betragen – dies ergibt sich aus der logischen Struktur des Textinhalts, was in der Mind-Map besonders deutlich wird. Jedes Kapitel (oder Unterkapitel) wird einem Thema (oder Teilthema) zugeordnet, das in einer Überschrift angegeben wird.

Die Überschrift

Überschriften sollten passend zum Stil des Textes gewählt und nach einem gleich bleibenden Muster formuliert werden. Wenn in der Einleitung oder im Schlusskapitel der Arbeit inhaltlich Eigenständiges behandelt wird, so ist es sinnvoll, auch diesen Kapiteln sprechende Überschriften zu geben.[42]

Die Kolumne

Eine Kolumne in der Kopf- oder Fußzeile gibt dem Leser eine Orientierung über den Inhalt des Textes. Hier kann der Kurztitel der Arbeit bzw. eines Kapitels angegeben werden. Das ist besonders bei umfangreichen Texten hilfreich. Es ist zu vermeiden, auf einer Seite Informationen doppelt zu geben. Daher sollte auf der Seite, auf der ein neues Kapitel beginnt (und auf der daher auch die Kapitelüberschrift vorhanden ist), in der Kopfzeile etwas anderes stehen (etwa der Titel der Arbeit).

6.3.4 Formen und Funktionen der visuellen Gliederung

Texte werden optisch gegliedert im Hinblick auf die Papiergröße und den Satzspiegel durch ein passendes Layout: Schriftgröße, Schrifttyp, Schriftvariation, Zeilenabstand, Abschnitte, Absätze, Einzüge und Aufzählungen durch Nummerierungen oder Spiegelstriche usw. sind die wichtigsten Faktoren.

---

42 Beispiele: *Die Zeit, sie rennt ...; Zeit ist Geld!?* Solche Überschriften benennen nicht nur die Funktion des Kapitels für den Text (wie etwa Fazit, Schluss, Zusammenfassung, Resümee), sondern verweisen wie andere Überschriften auch auf den Inhalt.

Legen Sie verwendete Formate und Schriftattribute in einem Style-Sheet fest.

Für die Verwendung von Formaten und Schriftattributen sollte man sich eine Übersicht entwickeln: Listen Sie sich die von Ihnen in Ihrer Arbeit verwendeten Formate und deren Funktion in einem Style-Sheet auf; so behalten Sie den Überblick auch, wenn Sie über längere Zeit an einem längeren Text arbeiten. Die tabellarische Auflistung hilft, kein Format zweimal zu vergeben.

Die Gestaltung einer Seite (vgl. S. 8)

Seitenrand:	oben, unten, rechts 2 cm, links 4,5 cm
Seitenzahlen:	oben, zentriert (das Deckblatt wird nicht mitgezählt, das Inhaltsverzeichnis wird mitgezählt, aber nicht nummeriert)
Textschrift:	12 pt; 1,5-zeilig; Blocksatz
Kapitelüberschrift:	14 pt; fett; 2 Zeilen Abstand zum Text (oder zur nächsten Überschrift)
Unterkapitel:	12 pt; 1 Zeile Abstand zum Text
kurzes Zitat im Text:	wie Textschrift in Anführungszeichen
längeres Zitat als Block:	1 cm Einzug rechts und links; 10 pt; Blocksatz; 1-zeilig
Fußnotentext:	10 pt; Blocksatz; 1-zeilig (die Fußnoten werden hochgestellt und durchnummeriert, der PC macht das mit „einfügen, Fußnote“ automatisch)
Eigennamen:	Kapitälchen
Begriffe:	fett bei der ersten Nennung
Hervorhebungen:	kursiv

Im Style-Sheet können auch die Verwendung von Abkürzungen und die Schreibweise fremdsprachiger Termini sowie der Abstand zwischen Text und Kapitelüberschriften verzeichnet werden, so dass der Text bereits beim Schreiben ein einheitliches Erscheinungsbild erhält.

Die Kennzeichnung von Textelementen muss ein in sich geschlossenes System ergeben, das mit den Gewohnheiten bzw. Vorgaben im Fach übereinstimmt.

Zur formalen Gestaltung einer Hausarbeit noch einmal der Hinweis, dass in den meisten Fächern, bei den meisten Dozenten eigene Normenkataloge existieren, an die man sich halten muss. Erkundigen Sie sich, wie Sie Ihre Hausarbeit gestalten müssen.

Schriftgrößen und Schrifttypen:

Vor allem für die Kennzeichnung von (mehrzeiligen) Zitaten und Anmerkungen (als Fußnote) bieten die modernen Textverarbeitungsprogramme die Möglichkeit, sie durch eine kleinere Schriftgröße bzw. einen anderen Schrifttyp vom Haupttext abzusetzen. Zitate werden dadurch sofort erkennbar – der Text gewinnt an Übersichtlichkeit. Die im Vergleich zur Textschrift kleinere Schrift in den Anmerkungen macht den Stellenwert dieses Textelementes deutlich: Es gehört nicht zum Haupttext, enthält nichts, was für das Textverständnis unmittelbar wichtig ist.

Zeilenabstände:

Der Zeilenabstand sollte für gleiche Textteile gleich sein:

- Der Haupttext sollte 1,5 Zeilen (oder weniger) haben.
- Ergänzende Textteile (Zitate als Block, Fußnoten und Exkurse) sollten einzeilig gesetzt werden.

Stellen Sie den Zeilenabstand und die Schriftgröße ein, bevor Sie Ihren Text in den Computer eingeben, so haben Sie jederzeit einen realistischen Überblick über den Umfang (die Seitenzahl).

Erkundigen Sie sich nach Vorgaben in Ihrem Fach. Diese müssen Sie unbedingt einhalten.

Aufzählungen und Nummerierungen:

Durch Aufzählungen und Nummerierungen hat man die Möglichkeit, einen Text optisch aufzulockern und ihn dadurch besser lesbar zu machen. Auch auf inhaltlicher Ebene gewährleisten sie eine schnelle Erfassung zentraler Punkte. Im weiteren Textverlauf ist es für den Leser problemlos möglich, seinen Blick erneut auf etwaige Aufzählungen zu richten.

Formatierungen:

Auch der Einsatz von Markierungen (**fett,** *kursiv,* KAPITÄLCHEN, g e s p e r r t o. Ä.) dient dazu, Textelemente einander zuzuordnen und erkennbar zu machen. Sinnvoll sind z. B.

- der Einsatz von Kapitälchen für Eigennamen, die dann auch beim Überfliegen des Textes leichter gelesen werden können,
- die Kennzeichnung neuer bzw. neu einzuführender Termini durch Fettdruck,
- die Kennzeichnung von Beispielen durch die Kursive und
- die sonstige Hervorhebung durch Sperrung.

Fußnoten:

Auch wenn der Umgang mit Fußnoten dank moderner Textverarbeitung ein komfortables Kinderspiel geworden ist: Sie sollten sparsam mit Fußnoten umgehen – wahrscheinlich haben Sie sich selbst über Bücher oder Aufsätze geärgert, die man kaum ordentlich lesen konnte, weil man ständig unten nachlesen musste und so beinahe oder tatsächlich den Argumentationsgang aus den Augen verlor.[43] Dank der automatischen Fußnotentechnik gibt es mit dem Computer verschiedene Einsatz- und Gestaltungsmöglichkeiten für Fußnoten. Überlegen Sie sich, bevor Sie anfangen zu schreiben, wie Sie mit den Fußnoten umgehen wollen, denn die Art des Einsatzes von Fußnoten hat auch Einfluss auf die Textgestalt. Nachträgliche Änderungen können mit Aufwand verbunden sein.

Sie können Quellenbelege als Fußnoten notieren, andererseits ist es möglich, auch längere Texte in die Fußnoten zu schreiben und so mit ausführlichen Anmerkungen zu arbeiten. Diese sind dann Ergänzungen zum Text, zusätzliche Erläuterungen und Beispiele, die den Textfluss verlangsamen würden. Anmerkungen haben also nicht dasselbe Gewicht wie der Haupttext, sie können überlesen werden, will man nur den Hauptargumenten folgen.

Grundsätzlich spricht nichts dagegen, Fußnoten für Quellenbelege und Anmerkungen zu verwenden. Aber auch die Reservierung des Fußnotenbereichs für ergänzende Angaben (und dazu gehören die Quellenbelege bei Zitaten nicht) kann angebracht sein.

Nutzen Sie für die Gestaltung der Fußnoten den PC.

Die Fußnoten werden durchnummeriert - der Computer übernimmt die Zählung automatisch. Bei der Schreibmaschine müssen Sie den Raum für die Fußnoten selbst berechnen und sie unten notieren, nachdem die ganze Seite geschrieben ist. Daher war die Erstellung eines Anmerkungsverzeichnisses im Anhang üblich, häufig auf einer ausklappbaren Seite. Nicht üblich und unglücklich ist der Einsatz von Asterisken (*, **, ***), da diese im Höchstfall die Fußnoten einer Seite übersichtlich markieren.

Bei kürzeren Arbeiten (bis etwa 20 Seiten) können alle Fußnoten durchnummeriert werden, bei längeren Arbeiten empfiehlt es sich, die Zählung mit jedem Kapitelbeginn neu anzufangen.

43 Auch wenn die Meinungen über Fußnoten auseinander gehen: „Das populäre Vorurteil, daß erst der reichliche Gebrauch von Fußnoten einer Arbeit den rechten Wissenschaftsgeruch verleihe, ist ein Relikt aus Zeiten, da Gelehrtentum sich noch als Alleswisserei verstanden wissen wollte, und durch die Arbeitsweise der modernen Wissenschaft nicht mehr gedeckt. Der Kurzbeleg von Quellen kann genausogut im laufenden Text geschehen [...], längere Anmerkungen wie etwa Übersetzungen, deren Original in geisteswissenschaftlichen Arbeiten gern in Fußnoten gegeben wird, haben auch in einem Anhang Platz, und sonstige Nebengedanken spart man sich am besten ganz oder übernimmt sie in den eigentlichen Text. Fußnoten sind also für eine wissenschaftliche Arbeit so nötig wie ein Kropf." (KRÄMER 1995, 79; ausführliche Literaturangabe s. S. 87, Text in alter Rechtschreibung)

6.3.4 Formen und Funktionen der sprachlichen Gliederung

Man gliedert sprachlich durch den Einsatz von Wörtern wie: *erstens, zweitens ... – zunächst, anfangs, schließlich ... – einerseits ... andererseits ..., wenn ... dann ..., zwar ... aber ...*, aber auch durch die gemeinsame Verwendung von Gegensatzpaaren wie *Vorteil/Nachteil, positiv/negativ, Sinn/Unsinn, behaupten/beweisen* und durch Textpassagen, die den Textverlauf kommentieren. Die Verwendung sprachlicher Gliederungsmittel dient der Verknüpfung von Gedanken und Sätzen. Sie sollten daher so eingesetzt werden, dass sie die Argumentation des Gesamttextes unterstützen, also weder geizig noch inflationär verwendet werden.

Der Verknüpfung von Gedanken und Sätzen dienen Konjunktionen und Adverbien sowie Präpositionen, die in adverbialen Bestimmungen und Adverbialsätzen zeitliche und logische Einordnungen ermöglichen:

Zeit (Zeitpunkt oder Dauer)	*als, bevor, ehe, nachdem, sobald, wenn, während, da, dann, jetzt, bald, damals, dann, lange, zeitlebens, immer, vor, nach, in, von ... an, seit, anschließend, ab ...*
Ort und Richtung	*hier, da, dort, dorthin, oben, unten, vor, entlang, außerhalb, neben, über, unter, unten, in ...*
Gründe und Ursachen	*weil, denn, darum, daher, deshalb, folglich, trotzdem, demzufolge, da, zumal, nun, somit, mithin, wenn auch, durch, auf Grund, wegen ...*
Ziel, Zweck, Folgen	*damit, infolge, so dass, aus, wegen, dass, um ... zu, zwecks ...*
Begleitumstände	*aber, also, trotzdem, und, zwar aber, als, wenn, dadurch, dass, indem, insoweit, ohne zu, beziehungsweise, sowohl ... als auch, sowie, nicht nur ... sondern auch ...*
Bedingungen, Einschränkungen	*sofern, falls, wenn, soweit, anstatt, gleichwohl, ehe, so, ob, bevor, dennoch ...*
Gegensatz	*entweder ... oder, nur, aber, allein, doch, statt, sondern, während, hingegen, jedoch, nur, oder ...*
Bewertung*	*kaum, möglicherweise, sicherlich, vielleicht, wahrscheinlich, gern, zweifellos ...*

* Anmerkung: Vorsicht in wissenschaftlichen Texten! Bewertungen müssen nachvollziehbar gemacht werden.

Kapitel 7:

Den Text schreiben und überarbeiten

Jedes Schreiben hat einen Schreibanlass, ein Schreibziel und eine bestimmte Form, die die Formulierung des Textes beeinflussen: Kein Buch und kein wissenschaftlicher Aufsatz wird in einem Zug geschrieben. Die Autoren verbessern, ändern, werfen Teile fort, haben Tage, an denen gar nichts gelingen will. Aber: Sie haben ein Mindestmaß an Disziplin und Beharrlichkeit, und ihre Herausgeber oder Verleger üben durchaus Zeitdruck aus, so wie die Dozenten oder Prüfungsordnungen einen Abgabetermin setzen.

Sie schreiben eine Studienarbeit, weil Sie ein Seminar zu einem bestimmten Thema besucht haben (Anlass) und weil Sie einen Leistungsnachweis erwerben wollen (Ziel 1); Ihre Studienarbeit soll zeigen, dass Sie in der Lage sind, ein gestelltes oder gewähltes Thema zu bearbeiten (Ziel 2). Um das Ziel 2 (und damit Ziel 1) zu erreichen, brauchen Sie ein Thema, eine Fragestellung und eine Schreibstrategie. Sie schreiben bereits, während Sie sich in das Thema einarbeiten, Exzerpte, auf die Sie für das Formulieren des eigentlichen Textes zurückgreifen können. Um einen Text zu erstellen, können Sie auf Formulierungsroutinen und Strategien der Textoptimierung zurückgreifen. In diesem Kapitel werden Ihnen hierzu Tipps und Hinweise gegeben.

Das Schreiben dient in den Wissenschaften unterschiedlichen Zwecken, ist Instrument der Dokumentation und der Strukturierung von Wissen – dient aber nicht zuletzt auch der Gewinnung von Erkenntnissen. Sie sollten daher, bevor Sie mit dem Schreiben beginnen, den Gegenstand der wissenschaftlichen Untersuchung und Ihre Aussageabsicht klar definieren. Damit machen Sie sich zugleich den Zweck klar, den Ihr Text erfüllen soll. Wollen Sie eine Theorie untersuchen oder bewerten? Mehrere? Wollen Sie ein oder mehrere Modelle vergleichen oder die Wirklichkeit selbst beschreiben? Arbeiten Sie mit Interpretationen oder mit Originaltexten? Wollen Sie Quellen untersuchen, auswerten oder ...? Das Schreiben kann und wird den Erkenntnisprozess vorantreiben, wenn die Schreibabsicht mit dem Gegenstand und der gewählten Textsorte vereinbar ist, doch nicht selten gibt es mehrere Möglichkeiten. Bei Diskrepanzen zwischen Erkenntnisweg und -ziel wird sich der Schreibende früher oder später gehemmt fühlen oder festschreiben. Daher ist es wichtig, dass Sie sich vor dem Schreiben verdeutlichen, welches Ziel Sie mit Ihrem Text erreichen wollen.

7.1 Die Arbeitsweise festlegen

Wissenschaftliche Erkenntnisse und Texte, die den allgemeinen Kriterien der Wissenschaftlichkeit genügen, können auf verschiedenen Wegen entstehen. Unterschiedliche Ansatzpunkte, Ziele und Vorgehensweisen spiegeln verschiedene Strategien wissenschaftlichen Arbeitens wider. Für das Herangehen an ein Thema, den Untersuchungsgegenstand und die Behandlung der wissenschaftlichen Erkenntnisse anderer gibt es zumeist mehr als eine Möglichkeit. Im Folgenden werden verschiedene Möglichkeiten – jede steht für ein anderes Ziel wissenschaftlichen Arbeitens – zu Gegensatzpaaren geordnet und erläutert:

Dokumentieren oder analysieren

Geht es darum, einen Gegenstand (sei es ein Phänomen in der Welt, eine Theorie oder eine wissenschaftliche Position) darzustellen, so kann dieser dokumentiert (als Ganzes beschrieben) oder analysiert (in seinen Einzelbestandteilen untersucht) werden.

Dokumentieren ist im Vergleich zum Analysieren die unmittelbarere Form der Darstellung. Dennoch ist es auch für wissenschaftliches Dokumentieren erforderlich, sich die Subjektivität der Wahrnehmung bewusst zu machen. Wer dokumentieren will, sollte den Beobachtungsbereich einschränken, indem er vorher die zu beobachtenden Einheiten bestimmt. An den typischen dokumentierenden Textsorten Unfallbericht, Protokoll und Exzerpt erkennen Sie die Zweckgebundenheit der Fokussierung: Es geht um die möglichst realitätsgetreue sprachliche Beschreibung – die Berücksichtigung persönlicher Empfindungen oder Wertungen ist hier nicht dienlich. Da eine Dokumentation weder kommentieren noch werten sollte, müssen dokumentarische Texte nicht nur sprachlich sehr präzise sein.

Für das **Analysieren** eines Gegenstandes ist nicht nur das aufmerksame Beobachten erforderlich, sondern auch das Abstrahieren, das verallgemeinernde Beschreiben. Will man von der Sache ausgehend Aspekte und ihre Zusammenhänge beschreiben, wird man dazu auf eine oder mehrere Theorien zurückgreifen, die unterschiedliche Perspektiven auf den Sachverhalt haben und so zu einer kritischen, abwägenden Beschreibung der Aspekte gelangen. Bei dieser Arbeitsweise wird von der Praxis auf die Theorie zugegangen. Der Gegenstand wird mit Hilfe allgemeiner Kriterien als Summe von Teilen erfasst, die zueinander in Beziehung gesetzt werden, um dadurch das Ganze zu verstehen und zu erklären. Dazu ist es wichtig, eine Reihe von Gesichtspunkten zu ermitteln oder zu entwickeln die es erlauben, den Gegenstand adäquat zu beschreiben.

Eine häufig vorkommende Textsorte ist die der Textanalyse in der Literaturwissenschaft: Sie erlaubt die Bestimmung von Eigenarten eines (literarischen) Textes in Bezug auf seine Form (Kapitel, Abschnitt, Strophe, Vers, Rhythmus und Reim), seine Struktur (Aufbau, Motive) oder seinen Stil (Satzbau, Wortwahl, Bildlichkeit) und bildet die Voraussetzung und Grundlage einer Textinterpretation. Die gründliche Analyse von Fachbegriffen ist einer der elementaren Bestandteile wissenschaftlichen Arbeitens überhaupt. Nicht zufällig sind die Begriffe *Struktur* und *System* zentrale Ordnungsbegriffe aller Wissenschaften.

Argumentieren oder interpretieren

Geht es um die sachliche Auseinandersetzung mit Gründen oder Gegengründen, die für oder gegen ein Modell oder eine Theorie sprechen, so können Sie **argumentieren** (abwägen), d.h. Argumente zielgerichtet in eine Folge bringen. Wollen Sie einen oder mehrere Texte, eine oder mehrere Positionen oder Ideen jedoch auch aufarbeiten, so können Sie diese interpretieren (deuten).

Im Gegensatz zu Dokumentation und Analyse sind Argumentation und Interpretation deutlich durch die Wahrnehmung des Schreibenden geprägte Texttypen. Die Argumentation setzt das Verständnis von Zusammenhängen, aber auch deren Bewertung voraus. Ziel einer Argumentation ist es, durch die Anordnung von Gründen und Gegengründen die Entscheidung für das eine bzw. gegen das andere plausibel zu machen – die typisch argumentative Textsorte ist die Erörterung.

Geht man in einer Arbeit mit Primärtexten um, so kann man diese aus der eigenen Perspektive **interpretieren.** Zusätzlich wird man aber, um zu einer ausgewogenen, objektiven Darstellung zu gelangen, Sekundärtexte, weitere Interpretationen hinzuziehen, die ggf. einem bestimmten Interpretationsansatz verpflichtet sind. Auch bei der Interpretation von Texten ist somit der Bezug zur Theorie unabdingbar. Ein weiterer wichtiger Bezug ist der zur Praxis; er wird dadurch hergestellt, dass die in den Primärtexten beschriebenen Gegebenheiten berücksichtigt und beurteilt werden. So sind bei der Interpretation von Texten Bezüge in zwei Richtungen herzustellen.

Selbstverständlich unterliegt die Subjektivität der Interpretation den allgemeinen Kriterien der Wissenschaftlichkeit – die hier entwickelten Erklärungen, Gedankengänge und Auslegungen müssen für einen Außenstehenden nachvollziehbar formuliert werden. Anders als die ebenfalls durch die Person und ihre Aussageabsicht geprägte Argumentation ist eine Interpretation ein immer wieder auch sich selbst reflektierender Text und damit Prozess und Ergebnis des Verstehens zugleich.

Systematisieren oder evaluieren

Geht es darum, einen komplexen Sachverhalt oder Problembereich in seinen Bestandteilen, verschiedenen Positionen oder Aussagen zu beschreiben, so können diese **systematisiert** (geordnet) oder **evaluiert** (bewertet) werden.

Systematisierung und Evaluation sind verschiedene Ergebnisse derselben Vorgehensweise: Der Untersuchungsgegenstand wird in seine Komponenten zerlegt, analysiert und durch eine Ordnung dieser Komponenten in seiner Struktur erfasst. Typische systematisierende Textsorten sind das Lehrbuch oder der Handbuchartikel: Ein Fachgebiet wird systematisch erschlossen, indem elementare Bestandteile klassifiziert und zueinander in Beziehung gesetzt werden. Die Evaluation schließt sich hier an und bewertet einen Sachverhalt mit Hilfe vorher definierter Kriterien, z. B. werden Gutachten so verfasst.

Die systematische Beschreibung eines klar definierten Bereichs ist jedoch nicht nur Grundlage einer Evaluation; auch Vergleiche können nur auf der Basis systematisch ermittelter Kriterien gezogen werden. Eine Evaluation kann auch durch die Ermittlung empirischer Daten erfolgen.

Daten erarbeiten

Befasst man sich mit einem Thema, indem man Daten erarbeitet (in Form von Versuchen, Beobachtungen oder Befragungen), so ist man u. U. schon durch die gewählte Erhebungsmethode einer Theorie verpflichtet. Man wird außerdem seine Ergebnisse in Beziehung zu den Ergebnissen anderer Untersuchungen setzen, um sie beurteilbar zu machen, und dabei die Vorteile oder Nachteile der unterschiedlichen Ansätze diskutieren.

Der Bezug zur Praxis ist gegeben, wenn eine Versuchsumgebung praxisnah aufgebaut wird, Beobachtungen in der Praxis stattfinden, Befragungsergebnisse die Praxis berücksichtigen oder die Ergebnisse der Untersuchung für die Praxis nutzbar gemacht werden können/sollen. Für diese Arbeitsweise ist der wechselseitige Bezug zwischen Theorie und Praxis charakteristisch.

Kompilieren oder kontrastieren

Geht es darum, mehrere Theorien oder Modelle, Daten oder Aussagen darzustellen, so können diese kompiliert (zusammengestellt) oder kontrastiert (miteinander verglichen) werden.

Kompilieren ist im Vergleich zum Kontrastieren die unmittelbarere Umgehensweise mit dem Untersuchungsgegenstand. Geht man von der Theorie-Ebene aus, so ist es sinnvoll, zwei oder mehrere Theorien darzustellen, zu erörtern oder zu vergleichen. Selbstverständlich können Theorien nur in ihrer Bezugnahme auf die Praxis beschrieben und ggf. beurteilt werden. Daher ist die Verbindung zwischen Theorie und Praxis auch bei dieser Arbeitsweise wichtig, man geht hier von der Theorie aus zur Praxis.

Wichtige Voraussetzungen eines kompilierenden Textes sind systematische Recherche und Auswertung von Literatur – insofern setzt eine gelungene Kompilation die systematische Erfassung der Daten oder Aussagen bzw. die Analyse der einzelnen Theorien oder Modelle voraus. Wichtig für eine kompilatorische Arbeit ist es, Theorien und Modelle nicht aus der eigenen Perspektive, sondern so weit wie möglich abbildend zu beschreiben. Wird dies konsequent berücksichtigt, wirft selbst eine sorgfältige kompilatorische Arbeit die Frage auf, inwieweit sie etwas Neues über den Untersuchungsgegenstand auszusagen vermag, inwieweit sie also überhaupt wissenschaftlich ist. ECO unterscheidet kompilatorische Arbeiten - die immerhin dazu dienten, zu zeigen, dass der Student

> „kritisch vom Großteil der vorhandenen Literatur Kenntnis genommen hat (d. h. von den Veröffentlichungen über den Gegenstand) und daß er in der Lage ist, sie auf eine übersichtliche Weise darzustellen, dabei die verschiedenen Ansichten zueinander in Beziehung setzen und so einen guten Gesamtüberblick zu geben, der vielleicht auch einem Spezialisten zur Interpretation nützlich sein kann, der sich gerade mit diesem Detailproblem nie eingehender beschäftigt hatte" (ECO 1993, 8 f., Text in alter Rechtschreibung) -

von Forschungsarbeiten, die höhere Anforderungen stellten. Insofern würden Diplom- und Magisterarbeiten als typisch kompilatorische Arbeiten gelten, die Dissertation hingegen als eine typische Forschungsarbeit, die ihrerseits auf kompilatorischen Vorarbeiten beruhen könne.

Das **Kontrastieren**, das Gegenüberstellen von ähnlichen, vergleichbaren Gegenständen, wird dadurch vorgenommen, dass systematisch Eigenschaften ermittelt und Ähnlichkeiten oder Unterschiede der zu vergleichenden Objekte festgestellt werden. Damit setzt auch das Kontrastieren die Analyse und die Systematisierung voraus. Textvergleiche, Strukturvergleiche und Methodenvergleiche sind typische kontrastierende Texte - je nach dem Grad der Ähnlichkeit oder Verschiedenheit der zu vergleichenden Objekte werden Ähnlichkeiten oder Verschiedenheiten beschrieben.

Die Übergänge zwischen diesen Texttypen bzw. Erkenntniswegen sind fließend. In einigen Fällen kommt man auf verschiedenen Wegen ans Ziel, in anderen Fällen muss genau ein Weg eingeschlagen werden. Wichtig ist auch beim wissenschaftlichen Arbeiten, dass Sie sich Ihre Kraft einteilen und nicht den zweiten Schritt vor dem ersten tun. So sehr sich Erkenntniswege in den Wissenschaften auch unterscheiden - die Arbeitsschritte ähneln sich. Wenn Sie sich für eine Vorgehensweise entschieden haben, ist Ihre wissenschaftliche Arbeit noch lange nicht fertig. Bevor Sie dokumentieren, analysieren, kompilieren oder kontrastieren können, sind einige Vorarbeiten zu leisten.

7.2 Schreibstrategien nutzen

Schreiben ist eine Handlung, deren Ergebnis eine bestimmte Formulierung ist. Beim Schreiben müssen Sie Ihre Aussageabsicht, das Textthema und Ihren Leser berücksichtigen. Daher sollten Sie versuchen, Ihren Text

- **angemessen**, d. h. zu Situation, Aussageabsicht und Textsorte passend,
- **präzise**, d. h. das Gemeinte genau bezeichnend, und
- **verständlich**, d. h. für den Leser nachvollziehbar

zu formulieren. Dennoch muss Schreiben nicht gleich Schreiben sein.

7.2.1 Formulierungsmuster wählen

Abhängig davon, welche Funktion ein Textelement für den Text haben soll, ist eine bestimmte Schreibstrategie (verbunden mit charakteristischen Formulierungsmustern) zu wählen: Schreibstrategien sind bestimmt durch die Funktion, die sie erfüllen sollen. Sie bilden einen Filter für Ausdrucksvarianten, indem sie durch ihre jeweilige Funktion die Anzahl der Alternativen eingrenzen. Durch seine Zugehörigkeit zu einer bestimmten Textsorte kann ein Text oft als ganzer einer Schreibstrategie zugeordnet werden. Doch dies wird der Eigenschaft von Texten nicht gerecht: Häufiger kommen in Texten mehrere Schreibstrategien vor – je nach Textstruktur kapitel- oder abschnittsweise. Grundsätzlich lassen sich folgende Schreibstrategien und Formulierungsmuster unterscheiden.

Präsentieren, beschreiben

Hier geht es darum, Informationen einzuführen und einen Anknüpfungspunkt für die eigene Argumentation zu schaffen;

Schreibstrategie: die genaue, sachlich-neutrale Darstellung von Sachverhalten

Beispiel: *Zeit ist Thema in verschiedenen Wissenschaften.*

Definieren, festsetzen

Hier geht es darum, die Bedeutung und Verwendungsweise zentraler Begriffe festzulegen;

Schreibstrategie: Einführung zentraler Begriffe

Beispiele: *Ein X ist … – unter X wird im Folgenden … verstanden – zu den X gehören … – X sind …*

Referieren, berichten

Hier geht es darum, vorhandenes Wissen darzustellen bzw. Textinhalte oder Erlebtes wiederzugeben;

Schreibstrategie: die distanzierte Wiedergabe von Argumentationen oder Beschreibungen, der Verweis auf andere Texte

Beispiele: *SCHULZE stellt fest, es sei eine wichtige Entwicklung. SCHULZE stellt fest, dass es eine wichtige Entwicklung ist. SCHULZE stellt fest, dass es eine wichtige Entwicklung sei.*

Rekapitulieren, zusammenfassen

Hier geht es darum, Hauptlinien einer Argumentation bzw. Hauptaussagen eines Textes darzustellen;

Schreibstrategie: das Wesentliche in seiner Bedeutung wiedergeben; eine zweckdienliche Gliederung entwickeln, die ggf. von der Gliederung des Originaltextes abweicht; dazu Absatz für Absatz vorgehen, jeweils das Thema und die Aussage(n) über das Thema bestimmen

Beispiel: *MEIER beschreibt in seinem Essay über die Zeit ausgewählte Perspektiven auf das Thema Zeitwahrnehmung in den Wissenschaften. Er greift exemplarisch je einen Ansatz der Psychologie, Soziologie und Physik auf.*

Pointieren, hervorheben

Hier geht es darum, Texte oder Argumentationen auf den Punkt zu bringen;

Schreibstrategie: Besonderheiten herausstellen, abstrahieren

Beispiel: *Insbesondere das Modell von MEIER ist in diesem Zusammenhang hilfreich, greift es doch über die bisher referierten Ansätze hinaus, indem es X und Y verbindet.*

Integrieren, aufgreifen

Hier geht es darum, vorgefundene Argumentationen mit der eigenen Argumentation zu verknüpfen und Beziehungen aufzuzeigen, beispielsweise indem ein wörtliches oder sinngemäßes Zitat eingesetzt wird;

Schreibstrategie: wörtliche oder sinngemäße Zitate einbinden

Beispiel: *In diesem Zusammenhang weist SCHULZE auf Folgendes hin …*

Argumentieren, erörtern

Hier geht es darum, logische Zusammenhänge herzustellen und die inhaltliche Verbindung der Textteile sprachlich zu unterstützen;

Schreibstrategie: begründen und schlussfolgern durch Verknüpfen von Einzelaussagen

Beispiele: *Dennoch ist hervorzuheben, … – um dies näher zu erläutern, … – darauf aufbauend, … – aus diesem Grund ist zu betonen, dass … – daher ist näher zu untersuchen, ob …*

Konkretisieren, ausführen

Hier geht es darum, Schlussfolgerungen nachvollziehbar zu machen;

Schreibstrategie: allgemeine Zusammenhänge durch den Einsatz sprachlicher Gliederungssignale, das Benennen von Gründen und Hintergründen, Ursachen oder Folgen verdeutlichen

Beispiele: *Nicht ahnend, dass … – um dies näher zu erläutern, … – aus diesem Grund … – besonders wurde … – daher …*

Explizieren, erläutern

Hier geht es darum, Hintergründe und Besonderheiten hervorzuheben, die nicht unbedingt bekannt sind;

Schreibstrategie: Benennung typischer Charakteristika, Einbindung von Tabellen, Diagrammen

Beispiele: *die Behandlung des Gegenstandes, d. h. seine vergleichende Analyse, … – die historische Entwicklung, insbesondere die der folgenden Jahre, …*

Illustrieren, veranschaulichen

Hier geht es darum, abstrakte Beziehungen und Zusammenhänge verständlich zu machen;

Schreibstrategie: Ergänzung von Anschauungsmaterial

Dokumentieren, sammeln

Hier geht es darum, Erkenntnisse in Form von Zahlen, Daten oder Fakten zu belegen;

Schreibstrategie: die sachlich-objektive Wiedergabe mit Quellenbeleg

Kommentieren, einordnen

Hier geht es darum, Sachverhalte und Meinungen in einen Gesamtzusammenhang einzuordnen oder zu bewerten;

Schreibstrategie: referierte Argumente interpretieren, weiterdenken und kommentieren

Beispiele: *Zu Recht hebt* SCHULZE *hervor, dass … – Dies zeigen auch …; –* MEIER *behauptet, dass … – Hierbei übersieht er Folgendes: …*

Kritisieren, beurteilen

Hier geht es darum, sich Argumenten anderer anzuschließen oder sich (ausdrücklich) von ihnen abzugrenzen;

Schreibstrategie: Vorteile und Nachteile gegenüberstellen und abwägen, den eigenen Standpunkt in der Schlussfolgerung herausarbeiten

Beispiele: *Hierbei handelt es sich um eine weit reichende Entwicklung. Aus diesem Grund sollte dieser Ansatz weiter verfolgt werden.*

7.2.2 Die Rohfassung voranschreiben

Die Rohfassung dient zunächst dazu, Aussagen, Ideenentwürfe für eine Argumentation und vielleicht auch noch offene Fragen festzuhalten. Sie ist ein Textentwurf, der überarbeitet werden muss.

Suchen Sie also beim Schreiben der Rohfassung nicht lange nach dem treffenden Wort, sondern markieren Sie das Ihrer Meinung nach unangebrachte oder ungenaue Wort und schreiben Sie weiter. In der Überarbeitungsphase bleibt Ihnen später Zeit, Formulierungen zu überdenken und ggf. zu überarbeiten und dabei - wenn nötig - auch nachzuschlagen.

Bereits während Sie die Rohfassung schreiben, sollten Sie die Anforderungen der Textsorte im Auge behalten, dabei aber auch die Anforderungen der Schriftsprache, die Anforderungen der Fachsprache und die Besonderheiten der Wissenschaftssprache berücksichtigen. Auf diese Weise schreiben Sie von Anfang an nichts, was Sie grundsätzlich streichen oder verändern müssten. Sprechen Sie sich mögliche Formulierungen in Gedanken vor, diktieren Sie sich Ihren Text. Achten Sie dabei auf gedankliche Zusammenhänge und wählen Sie entsprechende Mittel der Satzverknüpfung, denn der Gang der Argumentation muss im Text - und nicht zwischen den Zeilen - nachvollziehbar gemacht werden. Es ist nicht möglich, konkrete Formulierungsanweisungen zu geben, da immer mehrere Wege zum Ziel führen. Hilfreich ist es aber, beim Schreiben umfangreicher Sachtexte einige Grundregeln zu beachten, die sich aus den Anforderungen der Situation ergeben.

Machen Sie den Textinhalt deutlich.

Bemühen Sie sich, für den Leser zu schreiben und zu sagen, was zu sagen ist - nicht mehr, aber auch nicht weniger. Benennen Sie für jedes Kapitel oder für jeden Abschnitt präzise das Thema und begründen und erläutern Sie die Fragestellung. Beschreiben Sie in wenigen Sätzen, warum was wie dargestellt werden soll; so ergibt sich ein erster Ansatzpunkt für die gedankliche und sprachliche Verknüpfung der Textelemente, und Sie kommen leichter ins Schreiben.[44]

---

44 Wenn Sie dies für die Fragestellung Ihrer Arbeit durchführen, entsteht ein kurzer Text, der als Exposee oder auch als Einleitung dienen kann. **Beispiel:** *Um den Gegenstand „menschliches Zeitempfinden" näher zu untersuchen, sollen an zwei Fallbeispielen Formen der Zeitwahrnehmung näher betrachtet werden. Zum einen soll hierbei der Zusammenhang von Alter und Zeitempfinden berücksichtigt werden, zum anderen soll der zur Beschreibung von Zeit genutzte Wortschatz ermittelt werden.* Unter Umständen muss eine zu Beginn geschriebene Einleitung überarbeitet werden, wenn der Text fertig gestellt ist.

Unterstützen Sie den Inhalt durch Formulierung und Layout.

Die Argumentation, verstanden als die Folge der Textelemente, muss für den Leser nachvollziehbar gemacht werden. So gilt es zu verdeutlichen, warum wo der Anfang gemacht wurde und wie Einzelaussagen zusammengehören oder voneinander abzugrenzen sind. Setzen Sie textuale Gliederungsmittel (Absatz, Abschnitt, Überschrift, Hervorhebung, Anmerkung, Exkurs) zur Unterstützung der Argumentation ein.

Nutzen Sie die Leistungen der Sprache.

Mit Formulierungen können Sie präzise benennen, z. B. *Entwicklung, Entfaltung, Fortgang, Ontogenese, Phylogenese, Prozess, Steigerung, Veränderung, Vollendung, Werden, Wachsen, Wuchs, Zunahme, Zuwachs* ... Der Bedeutungsumfang von Wörtern ist unterschiedlich, er kann weit oder eng sein. Wirklich bedeutungsgleiche Synonyme gibt es sehr selten. Man spricht daher oft auch von „sinnverwandten", bedeutungsähnlichen Wörtern. Bereits die Wortwahl beeinflusst die Formulierung, die durch die Kombination eines Wortes mit weiteren Wörtern entsteht. Vorsicht jedoch an einer Stelle: Fachbegriffe dürfen nicht ohne weiteres durch Synonyme ersetzt werden.[45]

Achten Sie darauf, Zusammenhänge zu verdeutlichen.

Zusammenhänge können bezogen sein auf die beschriebenen Sachverhalte oder auf das Vorkommen von Elementen im Text. Sie werden durch den Einsatz von Artikeln, Artikelwörtern, Pronomen und Attributen versprachlicht: *eine Entwicklung, die Entwicklung, diese Entwicklung, sie, die oben beschriebene Entwicklung, die im Folgenden zu beschreibende Entwicklung, ... seine Entwicklung, meine Entwicklung, die Entwicklung von XY, XYs Entwicklung* ...

Geben Sie wichtige Eigenschaften an.

Eigenschaften werden mit Hilfe von Adjektiven, Wortbildung und durch den Einsatz von Attributen versprachlicht. Mit der Zuschreibung von Eigenschaften können häufig auch Wertungen verbunden sein, die dann begründet werden müssen: *eine Neuentwicklung, eine Weiterentwicklung, eine bahnbrechende Entwicklung; eine Entwicklung auf dem Gebiet der ABC, eine Entwicklung für das Gebiet der ABC, eine Entwicklung, die keinen Fortschritt bedeutete* ...

---

45 Sollen beispielsweise in einem Fachtext die Wörter *Orthografie* und *Rechtschreibung* abwechselnd verwendet werden (etwa um als unschön empfundene, in Fachsprachen jedoch übliche Wortwiederholungen zu vermeiden), ist dies ausdrücklich im Text oder in einer Fußnote festzustellen – der Leser würde sonst davon ausgehen, dass der Verfasser des Textes zwischen *Rechtschreibung* und *Orthografie* differenziert.

Beschreiben Sie Beziehungen zwischen den Sachverhalten oder zwischen Elementen im Text.

Beziehungen werden durch Adverbien und adverbiale Bestimmungen sowie durch Konjunktionalsätze versprachlicht: *anfangs, ferner, schließlich, endlich, folglich, auch, aus diesem Grund, in der Absicht, mit dem Ziel, ... und, sowohl ... als auch, weil, obwohl, während, nachdem, bevor, einerseits ... andererseits, so dass, dadurch dass, indem, um ... zu ...*

Markieren Sie – wo nötig – Distanz.

In wissenschaftlichen Texten gibt man sehr oft wieder, was andere geschrieben haben. Neben dem wörtlichen Zitat ist das Zusammenfassen in der indirekten Rede eine wichtige Schreibtechnik. Wenn deutlich gemacht werden soll, dass man hier einen Text zusammenfassend referiert, ist nach Norm und Regeln der Grammatik der Konjunktiv I zu benutzen. Distanz zum Geschriebenen wird durch den Einsatz der Modalformen (Indikativ, Konjunktiv I und Konjunktiv II) versprachlicht (vgl. dazu auch Kap. 4.1).

Begründen Sie.

Durch den Einsatz von begründenden Konjunktionen, Präpositionen und Adverbien ist es möglich, Gründe und Ursachen exakt zu beschreiben: *Um das Problem zu klären, ... – ... weil dieser Aspekt nicht berücksichtigt wurde, ...– wegen der Vielzahl der Argumente ...*

7.3 Die Rohfassung überarbeiten

Um die Rohfassung zu beurteilen, sollten Sie sich die Anforderungen der Textsorte noch einmal vor Augen führen. Auf der Grundlage der Rohfassung können auf den Text und seine Wirkung bezogene Überarbeitungen geplant und vorgenommen werden. Das Edieren eines Textes dient dazu, den Text auf seine inhaltliche Geschlossenheit zu prüfen und ihn gut lesbar zu machen. Beim Edieren geht es also um:

- die Prüfung der Logik des Textes,
- die Vermeidung von überflüssiger Information,
- die Variation des Argumentationsmusters,
- den Einsatz von sprachlichen Gliederungsmitteln,
- die Kürzung oder Erweiterung eines Satzes,
- das Ersetzen eines Wortes,
- die Verwendung eines Zitats oder
- die Ergänzung von textkommentierenden Überleitungen oder Zusammenfassungen.

Sie sollten sich den Text im Ganzen laut vorlesen, um einen Eindruck von seiner Wirkung zu gewinnen. So werden Sie schnell feststellen, welche Sätze zu verschachtelt sind, welche Wortfolgen holprig klingen und welche Wörter durch andere ersetzt werden sollten.

7.3.1 Den Ausdruck präzisieren

Achten Sie auf die Angemessenheit des Ausdrucks: Haben Sie neutrale Wörter gewählt? In vielen Wörterbüchern werden Angaben über den Stilwert von Wörtern gemacht, die den Gebrauch von Wörtern und Wendungen beschreiben sollen. Man unterscheidet:

- umgangssprachliche, saloppe Wörter (wie *kriegen, eine Meise haben, Knüller*),
- gehobene, gewählte Wörter (wie *Anbeginn, Antlitz, sich befleißigen*),
- familiäre, vertrauliche Wörter (wie *ein Nickerchen machen, Schatz*),
- verhüllende, umschreibende Wörter (wie *heimgehen, in Umständen sein*),
- derbe, grobe Wörter (wie *sich besaufen, kotzen, die Schnauze halten*),
- behördliche Wörter (Papierdeutsch, wie *unter Bezugnahme auf, in Verlust gehen, in Wegfall kommen*),
- ironische Wörter (wie *eine reife Leistung*) und
- abwertende Wörter (wie *sich einschmeicheln*).

Sie sollten diese Wörter zu Gunsten neutraler Wörter vermeiden.

Achten Sie auf sprachliche Bilder.

Die Sprache in den Wissenschaften soll, so sagt und denkt man gewöhnlich, metaphernfrei sein (vgl. Kap. 5.2). Aber sie ist es nicht. Zum einen sind die Begriffsnamen von Fachbegriffen nicht selten Metaphern. Denken Sie an den Weltraum mit seinen Roten Zwergen, Weißen Riesen und Schwarzen Löchern. Denken Sie an die Sternbilder, die in der abendländischen Wissenschaftstradition ihre Namen bekommen haben, die bis heute in der Astronomie Bestand haben: der Große Bär mit dem Großen Wagen. Alle Wissenschaften und Fachgebiete kennen auch metaphorische Begriffsnamen, die der Präzision gerade keinen Abbruch tun.

Und mit einer Formulierung wie *keinen Abbruch tun* sind wir bei der zweiten Gebrauchstradition bildhafter Sprache. Selbst wenn man sich alle Mühe gibt, wird man es nicht schaffen, ohne bildhafte Ausdrücke zu formulieren, und man sollte es nicht unbedingt herbeizwingen. Begriffe ohne Anschauung sind in der Substanz leer, und Sprache ohne bildhafte Vergleiche fördert nicht unbedingt Verstehensprozesse. Bei der Überarbeitung der Rohfassung sollte man jedoch auf unbeabsichtigt bildhafte Wendungen und überflüssige sprachliche Bilder achten. Die Kunst des Formulierens besteht darin, weder mit der Tür ins Haus zu fallen noch um den heißen Brei herumzureden, dabei aber den Nagel auf den Kopf zu treffen: Die Sprache ist voll von Wendungen (Redensarten, Geflügelten Worten, Sprichwörtern und Floskeln), die sprachliche Bilder sind – man findet sie in entsprechenden Wörterbüchern zusammengestellt und in ihrer Bedeutung und Herkunft erläutert. Einige von ihnen springen sofort ins Auge, weil man sich plastisch vorstellen kann, was gemeint ist. Sie liegen einem auf der Zunge und scheinen zu passen wie die Faust aufs Auge. Man fasst sich ein Herz, endlich seinen Text zu schreiben, und schon sprudeln die bildhaften Vergleiche und Redensarten hervor und bevölkern die Rohfassung. Das muss im wissenschaftlichen Text vermieden werden. Andere Formulierungen sind erst auf den zweiten Blick metaphorisch: Wenn sich Argumentationen im Kreis drehen, weil Argumente nicht stichhaltig sind, wenn eine fruchtbare Diskussion im Sande verläuft, weil die Gegner unversöhnlich blieben und Wortgefechte ausführten, dann sind das Formulierungen, die über eine eigene Bildhaftigkeit verfügen.[46]

Metaphern

Das Wort *Metapher* kommt von griechisch *metaphora*, dt. „Übertragung“. Ein Wort wird aus seinem eigentlichen Bedeutungsbereich in einen anderen hineingetragen. Es geht dabei oft gar nicht um stilistische Rafinessen, sondern um Sprachnot: Man muss neue Erfindungen, gedankliche Konstrukte usw. sprachlich benennen.

Unser Wortschatz ist voll von Wörtern, die übertragene Bedeutungen haben, welche wir oft kaum noch als solche wahrnehmen. Wer denkt schon beim Wort *begreifen* an die greifenden Finger einer Hand? Wir denken an den Verstand, der etwas versteht. Das Wort *Begriff* hat nur noch übertragene Bedeutung, während das Wort *Griff* zunächst nur konkrete Bedeutung hat, entweder als der Hand angepasstes Teil eines Gerätes oder als Handlung des Greifens. Aber schon die Ableitung *Zugriff* wird z.B. auch als geistige Handlung verstanden und ist ein zentrales Wort wissenschaftlicher Texte: *der erste Zugriff auf ein Thema, einen Stoff, ein Phänomen.*

Metaphern ermöglichen es, Zusammenhänge nachzuvollziehen – häufig ist es gerade das sprachliche Bild, das wesentliche Eigenschaften und Merkmale einer Sache verdeutlichen kann. So kann es bei der Warnung vor bildhafter Sprache im wissenschaftlichen Diskurs nicht darum gehen, jegliche Form der Metapher zu

46 Wie die Beispiele zeigen, sollte das Maß der Bildhaftigkeit nicht überschritten werden.

eliminieren und zu umgehen. Gemeint ist vielmehr, dass schmückende, ausschweifende, redensartliche Formulierungen ausgespart werden sollten, soweit sie nicht den Interessen der schnellen und präzisen Verständigung dienen.

Wir sind auf verfestigte Metaphern angewiesen, weil der Wortschatz im Laufe der Sprachgeschichte durch solche Umdeutungen ausgebaut wurde. Abstrakte Begriffe und Konzepte brauchten Begriffsnamen, neue Erfindungen mussten benannt werden, und so haben wir den *Wortstamm*, die *etymologische Wurzel* und die *Wortfamilie* (organische Vergleiche aus einer Zeit, als man die Sprache als lebendigen Organismus verstand); wir haben die *Motorhaube*, das *Stativbein* und die *Maus*, mit der wir das *Menü* eines Computerprogramms anklicken, wobei wir es hier mit einer Fehlentlehnung zu tun haben, denn das Englische *menu* bedeutet „Speisekarte" und eben nicht „Essen mit mehreren Gängen".

Beispiele für zentrale Metaphern in den Wissenschaften:

- die *Weg*-Metapher, besonders deutlich in der Buchreihe der Wissenschaftlichen Buchgesellschaft *Wege der Forschung*; eine Variante ist die *Feld*-Metapher, die wir im *Umfeld* und *Magnetfeld* ebenso antreffen wie im *Wortfeld*.
- die *Kern*-Metapher: *Kern des Problems* und *Kernaussage* (allgemein), *Atomkern* (mit allen damit verbundenen Wörtern wie *Kernspaltung, Kernkraft*); *Satzkern* in der Sprachwissenschaft.
- die Gefäßmetaphorik von *Inhalt* und *Gehalt*, die jedes *Inhaltsverzeichnis* eines Buches *enthält*.

Eine Forschungsrichtung der Sprachwissenschaft, die kognitive Linguistik, beschäftigt sich damit, dass und wie wir mit und durch solche Metaphern leben und denken. Unser öffentliches Leben wird zum Beispiel durch Kampf- und Kriegsmetaphern nachhaltig bestimmt: Wir erleben *Redeschlachten, Wahlkampagnen* und *Wahlkämpfe;* da wird der Gegner *ins Visier genommen* und dann *in die Knie gezwungen*, da werden *Feindbilder aufgebaut, der (politische) Gegner gejagt, Siege gefeiert* und *Niederlagen eingesteckt* usw., aber auch in Schrifttexten werden *Kontroversen ausgefochten, Argumente seziert* usw.

Nutzen Sie Bilder zur Veranschaulichung.

Bilder können genutzt werden, um einen komplexen Sachverhalt gründlicher zu veranschaulichen. Man muss aber sorgsam darauf achten, dass die Vergleiche das Wesentliche treffen und dass sie die Sachaussage nicht überlagern. Dazu ein Beispiel aus der Einleitung des Buches „Über den Prozeß der Zivilisation" von NORBERT ELIAS. ELIAS setzt sich mit einem Konzept von TALCOTT PARSONS auseinander, dem „Mann, der in unseren Tagen weitgehend als der führende Theoretiker der Soziologie gilt."

> „Charakteristisch für Parsons' theoretische Einstellung ist der Versuch, die verschiedenen Gesellschaftstypen in seinem Beobachtungsfeld [...] analytisch in ihre elementaren Bestandteile zu zerlegen. [...] Man kommt seiner Vorstellung am nächsten, wenn man sagt, daß er sich eine Gesellschaft wie ein Blatt Karten in der Hand eines bestimmten Spielers vorstellt: Jeder Gesellschaftstyp, so scheint es Parsons zu sehen, stellt eine verschiedene Mischung der Karten dar. Aber die Karten selbst sind immer die gleichen; und die Anzahl der Karten selbst ist klein, wie mannigfaltig auch die Kartenblätter sein mögen."[47]

Hier sind die *Karten in der Hand* die Bestandteile, die nach Spielregeln ausgespielt werden; welche Spielregeln es sind, gilt es zu entdecken. Der Autor hat darauf geachtet, dass das Gesamtbild passt, dass der Vergleich nicht hinkt, sondern erhellt. Im Bild und in der Aussage muss ein gemeinsamer Kern sein, der den Vergleich sinnvoll macht. Man nennt ihn das **tertium comparationis** (dt. „das Dritte, das dem Vergleich dient"). Die eigentliche Aussage ist vom Bild nicht überlagert, es bleibt nicht das Bild am Ende das Einzige, was man verstanden hat. Knappe Bilder veranschaulichen abstrakte Zusammenhänge, machen einen Text lebendig; man muss nur darauf achten, dass man keine inkonsistenten Bilder mischt, dass nicht *der Zahn der Zeit, der schon so manche Träne getrocknet hat, während er im Trüben fischte, auch über diese Wunde Gras wachsen lassen wird.*

Wie man ein Bild gründlich ausbauen kann, um eine abstrakte Aussage vorzubereiten und dann pointiert zu setzen, zeigt der folgende Text. Hier wird von KLAUS MICHAEL MEYER-ABICH die rhetorische Strategie erläutert, während das Bild entfaltet wird. Der Text behandelt auf der Oberfläche Fragen der ökonomischen Nutzung von Energie, im Grunde aber beschäftigt er sich damit, wie ein neues Denken entwickelt werden kann.

> „Ich schlage vor, der Frage nach dem relativ günstigsten und verfügbaren Energieträger drei andere voranzustellen, und veranschauliche die erste an einem Beispiel, dem die meisten Leser zunächst gar nicht anmerken werden, was das tertium comparationis zu den umstrittenen Energiesystemen ist: ein Segelschiff.
>
> **(a) Einbettung in das, was schon da ist.**
>
> Ein Segelboot fährt, aber es lärmt nicht, es stinkt nicht, es verschwendet keine Energie durch die Erregung von Bug- und Heckwellen. Es braucht für die Fahrt im herkömmlichen Verständnis schlechterdings gar keine Energie, nämlich in Gestalt von Energieträgern, die man in Behältern oder in Leitungen herbeischaffen muß. Trotzdem fährt es, und dazu braucht es natürlich Energie. Woher hat es diese? Daß es sich um Windernergie handelt, ist auf diese Frage nur eine etwas kunstlose Antwort. Ein Segelschiff fährt nämlich nur dann, wenn es (1) durch technische Intelligenz so gestaltet und getakelt ist, daß es sich in seine natürliche Mitwelt – den Wind und das Wasser mit seinen Wellen – einfügt, und wenn

47 ELIAS, NORBERT 1981: Über den Prozeß der Zivilisation. Soziogenetische und psychogenetische Untersuchungen. Erster Band: Wandlungen des Verhaltens in den westlichen Oberschichten des Abendlandes. Frankfurt am Main: Suhrkamp, S. XVI–XV (Text in alter Rechtschreibung).

(2) ein Steuermann da ist, der diese Einbettung in Gestalt der Fahrt aktualisiert. Hinzu kommt, was dem Laien in der Regel zuerst einfällt, daß auch der Wind noch wehen muß; aber für ein gutes Boot und einen guten Segler genügt bereits eine ganz geringe Brise. Das Boot fährt also dadurch, daß es durch die Kunst des Steuermanns in seine natürliche Mitwelt eingebettet ist. Es gewinnt der Welt, so wie sie ist (insbesondere in der Umgebungsenergie) vermöge dieser Einbettung eine Ordnung ab, welche es ohne diese Kunst nicht gäbe. Diese Ordnung ist die gerichtete Fahrt in einer sonst keineswegs gleichermaßen geordneten Umgebung. Ein Motorschiff setzt dagegen auf kunstlos harte Technik: Ein Rumpf, dessen Gestalt sich den Elementen nicht einfügt, und ein Motor, der stark genug ist, auch die unförmigste Kiste noch über das Meer zu treiben, ohne Rücksicht auf Wind und Wellen. Ein extremes Beispiel bloß gewalttätiger Technik sind Tragflügelboote.

Ich schildere dieses Beispiel nicht, um das allgemeine Segeln, auch für die Frachtschiffahrt, zu propagieren, sondern weil man daran ein anderes Leitbild als das der energiebezogenen industriellen Wirtschaft erkennen kann: ein Leitbild, das ich – anders als das Segeln – einer künftigen Industriegesellschaft zur Verallgemeinerung empfehlen möchte. Es besteht darin, im Hinblick auf menschliche Bedürfnisse, sei es eine Fahrt oder ein gegenständliches Produkt, zunächst einmal zu fragen: **Was ist schon da? In welcher Welt, wie sie bereits besteht, soll das Ziel verwirklicht werden?** Und dann das Ziel möglichst weitgehend mit dem, was schon da ist, zu verwirklichen. Möglich wäre dies, wenn die hohe Intelligenz, die der heutigen Technik unter einem anderen Leitbild inkorporiert ist, dem neuen Leitbild folgen würde."[48]

Das Beispiel zeigt, dass ein Autor nicht nur einen Text schreibt, sondern im Text darüber schreibt und immer auch schreiben muss, wie er seinen Text schreibt. In diesem Kontext ist die Verwendung des Wortes *ich* unumgänglich (vgl. dazu Kap. 5.1.3).

7.3.2 Textkommentare einfügen

Der Einsatz von Textkommentaren liegt auf der Grenze zwischen sprachlicher und textualer Gliederung (vgl. dazu Kap. 6.3). Mit Hilfe von Textkommentaren können Sie den Leser über den Text informieren, so dass er sich vorbereitet und den Grad der Aufmerksamkeit, den er dem Text bzw. dem Abschnitt widmen will, bestimmen kann. Als **Advance Organizers** (Mittel der Vorstrukturierung, die dazu dienen, vorab einen Hinweis auf das zu geben, was zu erwarten ist) und **Post Organizers** (Zusammenfassungen und Überleitungen, die nachträglich Hauptaussagen hervorheben) können Sätze, aber auch Absätze oder ganze Kapitel – wie zum Beispiel Einleitung und Schluss – dienen. Insbesondere bei umfangreichen Texten, deren Aufbau nicht stark normiert ist, empfiehlt es sich, Textkom-

48 Meyer-Abich, Klaus Michael 1995: Neue Ziele – Neue Wege: Leitbild für den Aufbruch zu einer naturgemäßen Wirtschaft und Abschied vom Energiewachstum. In: DEUTSCHER BUNDESTAG (Hrsg.) 1995: Schlußbericht der Enquete-Kommission „Schutz der Erdatmosphäre – Mehr Zukunft für die Erde – Nachhaltige Energiepolitik für dauerhaften Klimaschutz" des 12. Deutschen Bundestages. Bonn: Economica, 193–201, 196 f. (Text in alter Rechtschreibung).

mentare einzubinden. Sie sollen dem Leser Orientierung bieten und ihm das Textverstehen erleichtern. Textkommentierende Einschübe bestehen aus:

- Wörtern und Wendungen, die die Textstruktur beschreiben, z. B. *Kapitel, Abschnitt, Absatz, weiter oben, im Folgenden, zu Anfang …*,
- Wörtern und Wendungen, die die Funktion von Textelementen beschreiben, z. B. *erste Annäherung, Überblick, Einblick, Fazit, Diskussion, Vergleich, Darstellung, Beschreibung* … sowie
- sprachlichen Gliederungsmitteln *(einerseits … andererseits, zum einen … zum anderen, zunächst, nun, im Anschluss an, daher, obwohl, auch, und, um … zu …).*

Man sollte sich für eine Art von Kommentar entscheiden und ihn mäßig, aber regelmäßig einfügen: Ein Text sollte sich selbst tragen, Kommentare dürfen lediglich stützende, ergänzende Funktion haben.

Hinführende Textkommentare betreffen den Inhalt des Textes, aber auch seine Struktur und ggf. seine Verbindlichkeit:

Im Folgenden geht es um … – In diesem Kapitel wird in drei Schritten aufgezeigt … – Um einen Einblick in die Vielfalt der Ansätze zu geben, … – Im Anschluss an einen Überblick über die historische Entwicklung sollen … – Unter Rückgriff auf Methoden der XY soll herausgearbeitet werden, wie …

Zusammenfassende Textkommentare dienen dazu, Ergebnisse und wichtige Schlussfolgerungen hervorzuheben:

Hieraus ergibt sich, dass … – Damit ist … – Somit ist zu schlussfolgern: … – Wie die Untersuchung zeigt, … – Konsequenz ist, dass …

Überleitende Textkommentare verbinden Eigenschaften von Zusammenfassungen und Hinführungen. Sie bringen das bisher Erarbeitete auf den Punkt und bieten eine Vorschau auf das Folgende. Sie erlauben es somit, die Argumentation zu verdeutlichen:

Nachdem nun XY beschrieben ist, gilt es … – Worin liegt nun die besondere Bedeutung dieser Entwicklung? … – Betrachten wir mögliche Ursachen: … – Es lassen sich drei Gründe anführen: … – Verschiedene Interpretationen sind denkbar … – Um diesen Zusammenhang näher zu erläutern, wird …

7.3.3 Stilfiguren planvoll verwenden

Auch die Möglichkeiten des Redeschmucks können durchaus der Verdeutlichung des Ausdrucks dienen – aber auch den Leser verwirren, wenn sie nicht zielgerichtet eingesetzt werden. Hier einige Hinweise, worauf zu achten ist:

Die (rhetorische) Frage

Die Frage erlaubt es, die Aufmerksamkeit des Lesers auf das Folgende zu lenken, einen bestimmten Aspekt, der später wichtig wird, vorab anzudeuten. Die rhetorische Frage (Scheinfrage) ist ein Stilmittel der öffentlichen Rede, also auch der Wissenschaftskongresse und Tagungen, wenn wissenschaftspolitische Richtungsentscheidungen anstehen. Diese Frage ist keine Frage, die eine Antwort erwartet, sondern die Antwort ist in ihr enthalten, aber die Zuhörer fühlen sich angesprochen und nehmen verstärkt Anteil.

Übertreibung und Untertreibung

Wählt man einen starken sprachlichen Ausdruck zur Beschreibung eines Sachverhalts, schreibt man etwa von einem bahnbrechenden Ergebnis, entspricht dies einer Übertreibung. Dies kann einem bestimmten Ziel dienen. In wissenschaftlichen Texten hingegen findet sich eher die Untertreibung: *ein viel versprechendes Ergebnis, ein erster wichtiger Schritt, ein ermutigender Fortschritt* ...

Die Wiederholung

Wörter und syntaktische Muster können wiederholt werden. Jede Form der Wiederholung dient zur Fokussierung der Aufmerksamkeit, kann aber den Leser auch ermüden. Daher ist es wichtig, ein gesundes Maß zwischen Variation und Wechsel zu finden. In fachsprachlichen und wissenschaftlichen Texten gilt, dass Fachbegriffe nicht variiert werden dürfen.

Das Zitat

Der Einsatz von Geflügelten Worten (Zitate aus der Literatur, wie z. B. *des Pudels Kern,* die zu Redewendungen geworden sind, deren Quelle aber nachvollziehbar ist; hier: GOETHE Faust I; die Redensart bezieht sich darauf, dass Mephistopheles die Gestalt eines schwarzen Pudels angenommen hat) und Zitaten kann als Anknüpfungspunkt für eine Argumentation oder als Beleg für ein Argument dienen (vgl. dazu Kap. 4.3).

7.4 Das Layout optimieren

Die erste Überarbeitung der Rohfassung muss abschließend korrigiert werden. Die Korrekturen betreffen Grammatik, Rechtschreibung, Zeichensetzung sowie das Layout. Verlassen Sie sich nicht ausschließlich auf die Prüfprogramme Ihrer Textverarbeitung.[49] Wenn Sie die Möglichkeiten des PCs optimal nutzen wollen, gehen Sie wie folgt vor:

---

49 Für das Schreiben mit der Textverarbeitung wird in der DIN-Norm 5008 u. a. festgelegt, wie Satzzeichen und andere Zeichen geschrieben werden müssen. Hinweise für das Maschinenschreiben sowie die Korrekturvorschriften finden Sie auch im DUDEN 1.

Tipps zum Tippen:

- Alle **Satzzeichen** - Punkt, Doppelpunkt, Fragezeichen, Ausrufezeichen, Semikolon und Komma - werden ohne Leerzeichen („Blanks") direkt hinter das letzte Wort gesetzt; allerdings steht hinter diesen Zeichen immer ein Leerzeichen.
- Der **Gedankenstrich** wird, damit er nicht mit dem Trennstrich verwechselt werden kann, stets zwischen zwei Blanks gesetzt. Er kennzeichnet Einschübe und nachgestellte Erläuterungen - die vorne und hinten durch den Bindestrich zu kennzeichnen sind - und kann eine Schlussfolgerung anzeigen - er ist also vielseitig verwendbar. Nutzen Sie ihn nicht zu oft (wie im vorherigen Satz zu sehen), da er sonst seine fokussierende Funktion verliert.
- Der **Binde-Strich**, der zwei Wörter miteinander verbindet, wird ohne Blanks zwischen diese Wörter gesetzt; er kann auch einen Wortbestandteil ersetzen, der nicht zweimal geschrieben werden soll. Die Rechtschreibreform stärkt den Bindestrich, er darf verstärkt auch für die Gliederung von langen Wörtern genutzt werden: *Auspuff-Flamme, ISBN-Nummer, Tipp- und Computerfehler.*
- Stellen Sie für die **Worttrennung** die automatische Silbentrennung ein. Das unterbindet zu große Lücken beim Blocksatz, bei dem die Zeilen rechts und links bündig (auf gleicher Höhe) enden. Kontrollieren Sie die automatischen Trennungen - Computer machen auch mal Fehler. Wenn Sie Trennungen von Hand eingeben wollen, setzen Sie den bedingten Trennstrich („Strg-Taste" + „-"), um die Automatik nicht außer Kraft zu setzen.
- Kontrollieren Sie die **Überschriftenabstände** (bei Haupt- und Unterüberschriften), die **Nummerierungen** der Kapitel, die Kopfzeilen (vgl. S. 8); fügen Sie wo nötig Rahmen ein, und bestimmen Sie endgültige **Seitenumbrüche.**
- Wenn Sie nach der **neuen Rechtschreibung** schreiben wollen, müssen Sie den gesamten Text nach den neuen Regeln verfassen - außer der Schreibung von *ss* nach kurzem Vokal ändern sich auch die Groß- und Kleinschreibung, die Zusammen- und Getrenntschreibung, die Zeichensetzung (es gibt mehr Möglichkeiten für Kommas, die Sie aber systematisch umsetzen sollten) und die Silbentrennung (hier gibt es meist zusätzliche Varianten, die *st*-Regel und die *kk*-Regel sind allerdings aufgehoben, Sie müssen Ihre alte Silbentrennung also nur in wenigen Fällen korrigieren).

Es wäre gut, wenn Sie für das Korrekturlesen Unterstützung finden, da man im selbst geschriebenen Text für Fehler oft blind ist. Wenn Ihnen keine Hilfe zur Verfügung steht, sollten Sie Ihren Text vor dieser letzten Korrekturphase einige Tage lang nicht gesehen haben.

Stichwortverzeichnis